AF502952

SIXIÈME CONGRÈS

DES

JARDINS OUVRIERS

SIXIÈME CONGRÈS

DES

JARDINS OUVRIERS

Tenu à Strasbourg, les 21, 22 et 23 Septembre 1923

COMPTE-RENDU

RÉDIGÉ SOUS LA DIRECTION

de M. l'Abbé LEMIRE, Député

AVEC LA COLLABORATION

de Mlle ARBELET, et de M. AVRIL, Secrétaires des séances

PARIS

<table>
<tr><td>BUREAUX
DE LA LIGUE DU COIN DE TERRE
ET DU FOYER
26, rue Lhomond (V^e)</td><td>LIBRAIRIE
DES SCIENCES POLITIQUES & SOCIALES
MARCEL RIVIÈRE
31, rue Jacob, et 1, rue Saint-Benoît (VIe)</td></tr>
</table>

1925

LIGUE FRANÇAISE
DU
COIN DE TERRE & DU FOYER
RECONNUE D'UTILITÉ PUBLIQUE
PAR DÉCRET DU 3 AOUT 1909

Fédération nationale des Jardins Ouvriers

Siège social : 26, rue Lhomond
PARIS (Ve)

Paris, le 30 juin 1923.

M

La Ligue du Coin de Terre et du Foyer, Fédération des Jardins Ouvriers de France, organise à *Strasbourg*, les *21, 22 et 23 septembre* prochain, le **Sixième Congrès National des Jardins ouvriers.**

Plus que jamais, cette œuvre répond à d'universelles nécessités et les services qu'elle rend sont unanimement reconnus.

Depuis le dernier Congrès, elle a pris, sous des formes variées, un développement considérable.

L'heure est donc particulièrement opportune pour constater les expériences faites et les résultats obtenus, et pour étudier en commun les meilleurs moyens de les développer de la manière le plus large et la plus efficace.

Destiné à promouvoir une œuvre d'hygiène et de moralité, notre Congrès trouve admirablement sa place au milieu des diverses manifestations qui honorent à Strasbourg le centenaire de Pasteur.

Nous espérons que les amis des Jardins Ouvriers auront doublement à cœur d'y prendre part en raison de ce grand souvenir et de l'occasion qui leur est offerte de venir dans nos provinces recouvrées fêter l'épanouissement et préparer l'avenir d'une œuvre sociale et familiale où se retrouve et s'unit toute la France.

A ceux d'entre eux qui seraient dans l'impossibilité de se rendre à Strasbourg, le compte-rendu complet qui sera publié permettrait tout au moins de s'intéresser aux travaux du Congrès et d'en recueillir les conclusions.

C'est pourquoi nous sollicitons avec confiance l'adhésion de tous.

Agréez, M   , nos dévoués sentiments.

ABBÉ LEMIRE,
Député du Nord,
Président de la Ligue du Coin de Terre et du Foyer,
Fédération des Jardins Ouvriers de France,

CHARLES DROULERS,   R. GEORGES-PICOT,
Vice-Président,   *Avocat à la Cour d'Appel de Paris,*
Secrétaire Général.

Sixième Congrès National des Jardins Ouvriers

ORGANISÉ PAR

la Ligue Française du Coin de Terre et du Foyer

STRASBOURG, 21, 22, 23 septembre 1923

PRÉSIDENTS D'HONNEUR :

M. ALAPETITE. Commissaire général de la République ;

Général d'ARMAU de POUYDRAGUIN, commandant le 20e corps d'armée ;

M. ISAAC, ancien Ministre, président du Conseil supérieur de la Natalité ;

Mgr JULIEN, Evêque d'Arras ;

M. Raymond POINCARÉ, Président du Conseil, Ministre des Affaires étrangères ;

M. RICARD, ancien Ministre de l'Agriculture ;

M. le Dr ROUX, Directeur de l'Institut Pasteur ;

Mgr RUCH, Evêque de Strasbourg ;

M. VIGER, ancien Ministre, président de la Société nationale d'Horticulture.

COMITÉ DE PATRONAGE :

MM.

Robert BEUDANT, Doyen de l'Université de Strasbourg ;

BILGER, député du Haut-Rhin ;

Chanoine BIROT, archiprêtre d'Albi ;

BRIEUX, de l'Académie française ;

Dr CALMETTE, Directeur de l'Institut Pasteur à Lille ;

Abbé DELSOR, sénateur du Bas-Rhin ;

DUVAL-ARNOULD, député de Paris, président de la Société d'Economie sociale.

Georges GOYAU, de l'Académie française ;

MM.

Abbé HACKSPILL, député de la Moselle ;

Louis LÉPINE. Membre de l'Institut ;

Georges NOBLEMAIRE, député des Hautes-Alpes ;

P. de NOLHAC, de l'Académie française ;

Dr PFLEGER, député du Haut-Rhin ;

SCHEURER, sénateur du Haut-Rhin ;

WALTER, député du Bas-Rhin ;

Abbé WETTERLE, député du Haut-Rhin.

COMITÉ D'INITIATIVE :

Président : M. l'abbé LEMIRE, député du Nord ;

Vice-Président : M. R. GEORGES-PICOT, avocat à la Cour d'appel de Paris ;

Secrétaire : M. Charles DROULERS ;

Trésorier : Mlle S. ARBELET.

Programme du Congrès

Vendredi 21 septembre :

A 2 heures. — Rendez-vous place Kléber pour la visite des Jardins Ouvriers de Strasbourg.

A 4 heures. — Ouverture du Congrès au Palais des Fêtes : Allocutions de M. le Dr BELIN et de M l'abbé LEMIRE. Salut aux Congressistes par M. le Maire de Strasbourg.

Première Séance : **Les Jardins Ouvriers et les Anciens Combattants.**

Président : Général GOURAUD.

Rapporteur : M. R. THOUMYRE, député de la Seine-Inférieure.

Samedi 22 septembre :

A 9 heures. — Deuxième Séance : **Les Jardins Ouvriers et l'Industrie.**

Président : M. JAVARY, ingénieur en chef de la Compagnie du Chemin de fer du Nord.

Rapporteur : M. CHOQUET, directeur des Jardins et Plantations de la Société des Mines de Lens.

A 2 heures. — Troisième séance : **Les Jardins Ouvriers et les Pouvoirs publics.**

Président : M. ALAPETITE, Commissaire général de la République.

Rapporteur : M. Paul BACQUET, avocat à la Cour d'appel de Boulogne-sur-Mer, président de la Fédération des Jardins Ouvriers du Nord Maritime.

A 5 heures. — Quatrième Séance : **Les Jardins Ouvriers et la Natalité.**

Président : M. Georges RISLER, président du Musée social, vice-président du Conseil supérieur de la Natalité.

Rapporteur : M. R. GEORGES-PICOT, avocat à la Cour d'appel de Paris, secrétaire général de la Ligue du Coin de Terre et du Foyer.

Dimanche 23 septembre :

A 9 heures. — Cinquième séance : **L'Organisation pratique des Jardins Ouvriers.**

> *Président* : M le Dr DENIS, président de l'Association orléanaise des Jardins Ouvriers
>
> *Rapporteur* : M. Ch. DROULERS, vice-président de la Ligue du Coin de Terre et du Foyer.

A midi. — **Banquet**

A 3 heures. — **Séance de clôture,** sous la présidence d'honneur de Mgr RUCH, évêque de Strasbourg.

Présentation des Jardins Ouvriers d'Alsace à la Fédération nationale des Jardins Ouvriers de France, par M. le Maire de Strasbourg, en présence des autorités locales :

> M. le Vicaire général, délégué de Mgr l'Evêque ;
>
> M. le Président du Directoire de la Confession d'Augsbourg ;
>
> M. le Président de la Commission synodale de l'Eglise réformée ;
>
> M. le Président du Consistoire israélite ;
>
> M. le général Berthelot, gouverneur militaire de Strasbourg ;
>
> M. Borromée, préfet du Bas-Rhin ;
>
> MM les Sénateurs et Députés d'Alsace.
>
> > Discours de M. WALTER, député du Bas-Rhin.
> >
> > Remerciement de M. l'abbé LEMIRE.
>
> Chœur final : *Chants des Jardins Ouvriers d'Alsace.*

Lundi 24 septembre : Excursion à Sainte-Odile.

ORGANISATION ET TRAVAUX DU CONGRÈS

Le 6e Congrès national des Jardins Ouvriers se tient à l'occasion du centenaire de Pasteur et de l'Exposition organisée en son honneur.

Les diverses sections de cette Exposition remarquable pourront être visitées dans l'intervalle des séances par les membres du Congrès.

Ils sont invités à se rendre le samedi 22, à 11 heures, à la section d'Hygiène, où les Jardins Ouvriers ont leur place.

Chacune des séances du Congrès sera consacrée à l'examen d'une question spéciale. Sur chacune de ces questions, un rapport sera présenté et suivi d'une discussion.

Un compte-rendu complet du Congrès sera ultérieurement publié.

Le concours de toutes les Œuvres de Jardins Ouvriers est particulièrement sollicité :

1° *Pour la préparation des rapports* : en vue d'assurer aux rapporteurs une documentation sérieuse, un questionnaire détaillé est adressé à tous les directeurs d'Œuvres touchant les divers points qui seront étudiés au Congrès. Ils sont priés d'y donner réponse, d'une manière aussi complète que possible, *avant le 25 juillet* ;

2° *Pour l'envoi de vues, photographies, plans ou graphiques*, destinés à être exposés dans la salle du Congrès et à constituer une présentation d'ensemble de l'Œuvre des Jardins Ouvriers, vivante et variée ;

3° *Pour le recrutement des adhérents*. Les noms et adresses des amis des Jardins Ouvriers susceptibles de s'intéresser aux travaux du Congrès seront reçus avec reconnaissance par le Secrétariat, qui s'empressera de solliciter leur adhésion.

Le montant de la cotisation est de 10 francs. Elle donne droit au compte-rendu complet des séances.

Toutes communications relatives au Congrès, adhésions, réponses aux questionnaires, envois de vues et photographies, demandes de renseignements (voyage et séjour à Strasbourg, excursion à Sainte-Odile, etc.), doivent être adressées au *Secrétariat de la Ligue du Coin de Terre et du Foyer, 26, rue Lhomond, Paris (Ve).*

SIXIÈME CONGRÈS DES JARDINS OUVRIERS

STRASBOURG, 21, 22, 23 septembre 1923

BULLETIN D'ADHÉSION

Je soussigné [1]

Nom et prénoms......

Profession....

Adresse......

déclare m'inscrire comme adhérent au **Congrès des Jardins Ouvriers**, qui aura lieu les 21, 22 et 23 septembre, à Strasbourg.

Je joins le montant de ma cotisation donnant droit au compte rendu complet du Congrès (**10 francs**) par mandat ou bon de poste ci-contre, par mandat-carte versé au compte postal de la Ligue : **Paris-398.71**

SIGNATURE :

(1) *Pour les adhésions souscrites au nom d'une Œuvre,* indiquer : 1° *l'appellation de l'Œuvre* ; 2° *le nom du délégué qui la représente.*

**Prière de retourner le présent Bulletin
au Secrétariat de la Ligue du Coin de Terre et du Foyer, 26, rue Lhomond, Paris (Vᵉ)**

QUESTIONNAIRES

\DRESSÉS

AUX DIRECTEURS D'ŒUVRES DE JARDINS OUVRIERS

I

Les Jardins Ouvriers
et les Anciens Combattants

L'ancien combattant n'a-t-il pas droit à un privilège spécial sur la terre qu'il a défendue, sauvée, arrosée de son sang ?

I. — Qu'a-t-il été fait pour reconnaître ce droit ?

    1° En France :
        par les pouvoirs publics ?
        par l'initiative privée ?

    2° A l'Etranger :
        Italie, Belgique, Angleterre, Tchéco-Slovaquie,
        etc., etc.

II. — Que pourrait-on faire en France ?

    1° En faveur des *anciens combattants :*
        encourager leur retour à la terre ?
        leur faciliter l'acquisition de la propriété ?
        leur procurer des terres dans les régions fran-
        çaises désertées ou dans nos colonies ?
        leur assurer au moins la jouissance de la terre
        par le Jardin ouvrier ?

    2° En faveur des anciens combattants *mutilés :*
        employer le jardinage comme moyen de réédu-
        cation ?
        leur réserver une place de choix dans les
        Œuvres de Jardins Ouvriers ?

3° En faveur des *Pupilles de la Nation :*
    les éduquer en vue des métiers agricoles ?
    leur assurer un coin de terre ?
        en propriété ?
        en dotation ?
        en location ?
        à quelles conditions ?

III. — Quel pourrait être à cet égard le rôle

1° des Associations d'anciens combattants ?
2° des Sociétés de Jardins ouvriers ?
3° des Pouvoirs publics ?
    L'intervention du législateur est-elle possible ?
    Sous quelle forme pourrait-elle s'exercer ?
        Mise en valeur des terres abandonnées ?
        Expropriation, pour cause d'utilité sociale?

II

Les Jardins Ouvriers et l'Industrie

Appéllation ou Raison sociale de l'Industrie :

Adresse :

I. — Statistique.

Combien de maisons ouvrières en 1920 ?
        en 1923 ?
Combien de Jardins attenant à la maison en 1920 ?
        en 1923 ?
    Surface moyenne de chaque jardin ?
Combien de jardins séparés de la maison en 1920 ?
        en 1923 ?
    Surface moyenne ?
    Montant du loyer réclamé aux ouvriers pour la jouissance annuelle ?
Hors de votre action directe, existe-t-il des groupements de Jardins Ouvriers, Œuvres ou syndicats, intéressant votre personnel et encouragés par vous ?
    Nombre des Jardins ?
Existe-t-il des écoles avec jardins pour les enfants ?

II. — Encouragements au Jardinage.

Est-ce un praticien qui dirige l'Œuvre ?
Existe-t-il un jardin-type servant de modèle ?
Organisez-vous des conférences, des visites ?
Faites-vous distribuer des brochures, des tracts,
  ou publier dans la presse locale des articles ayant
  trait au jardinage ?
Aidez-vous votre personnel à se procurer des graines?
  du fumier ?
  des engrais
  chimiques?
  (engrais chimique
  le plus employé?)
Organisez-vous des Concours de Jardins ?
  Comment le jury est-il composé ?
  Quelles sont les récompenses ?
Organisez-vous des fêtes dans les jardins ?

III. — Résultats obtenus.

Avez-vous remarqué que votre personnel consacre
  au jardin un temps plus grand depuis la promulgation de la loi de huit heures et l'usage plus
  répandu de la semaine anglaise ?
Les bénéficiaires des jardins cultivent-ils non seulement par nécessité, mais aussi par agrément et
  par goût ?
Avez-vous pu constater l'utilité des jardins ?
  au point de vue de l'hygiène de l'ouvrier ?
  du bien de la famille ?
  des rapports entre le personnel
  et le chef d'industrie ?

IV. — Observation.

Pour augmenter notre force et pour vous renseigner
  sur ce qui se fait ailleurs, vous plairait-il d'affi-
  lier votre organisation à la Ligue du Coin de
  Terre et du Foyer, Fédération des Jardins Ouvriers
  de France (ladite affiliation demeurant d'ailleurs
  indépendante de l'adhésion au Congrès) ?

III

Les Jardins Ouvriers et les Pouvoirs publics

I. — L'action des Pouvoirs publics s'est exercée en faveur
des Jardins Ouvriers
> par des lois : loi du 5 décembre 1922 codifiant les
> lois sur les Habitations à bon mar-
> ché et les Jardins Ouvriers.
> loi sur le Bien de famille,
> loi sur le Crédit agricole.

par les divers organismes constitués :
> Offices agricoles départementaux,
> Offices départementaux d'Habitations à bon
> marché,
> Comités de la petite Propriété,
> Comités du Retour à la Terre.

par l'aide apportée aux œuvres privées :
> terrains mis à leur disposition par les com-
> munes,
> prêts d'argent à taux réduit par les Sociétés
> de Crédit Immobilier,
> subventions allouées.

II. — Quel usage a été fait par vous des lois ci-dessus
énoncées ?
> Quelle a été à l'égard de votre Œuvre l'action des
> organismes officiels ?
> Quelle aide a pu être par vous sollicitée et reçue ?

III. — D'après votre expérience,
> 1° Quels sont les amendements qui vous paraissent
> souhaitables à ces lois ?
>> Extension de la valeur du Bien de famille,
>> Simplification des formalités pour le consti-
>> tuer, etc.
> 2° De quelle manière l'action des organismes offi-
> ciels pourrait-elle s'exercer plus utilement en fa-
> veur des Jardins Ouvriers ?
> 3° Sous quelle forme l'aide des pouvoirs publics
> aux œuvres privées vous semble-t-elle plus pra-
> tique et plus désirable ?

IV

Les Jardins Ouvriers et la Natalité

Dans quelle mesure et comment la natalité a-t-elle été et peut-elle être favorisée par le Jardin Ouvrier ?

I. — Le Jardin Ouvrier prépare pour elle le cadre familial.

Dans la vie quotidienne, tout souligne pour l'ouvrier les charges de la famille et les difficultés qu'elle engendre : logement, cherté de vie, etc. Le logis étroit où la famille s'entasse ne lui permet guère de goûter les joies qui sont la contre-partie de ces charges.

Le jardin permet au contraire à l'ouvrier de réaliser les joies de la famille.

Qu'avez-vous remarqué à cet égard ?

Dans la petite chambre déjà trop étroite, la présence de l'enfant est gênante.

Au jardin, au contraire, l'enfant est désirable. Il aide à sa culture. Il en est la fleur. Les parents viennent à souhaiter sa venue au lieu de la redouter.

Avez-vous noté quelque trait à ce sujet ?

II. — Le Jardin Ouvrier assure la vie familiale.

1° La cure d'air au jardin :
   Influence de la vie au grand air sur la santé de la jeune mère et sur celle du bébé.

2° Les produits du jardin :
   Par les légumes frais, amélioration de l'ordinaire de la table, alimentation saine, profitable à la santé des enfants.

3° La réunion de famille au jardin les dimanches et jours de fête.

III. — Le Jardin Ouvrier suit la famille dans son développement.

Jardins ouvriers extensibles au fur et à mesure des naissances ?

Jardins d'enfants ?

Jeunes garçons :

Jardins scolaires ?

Jeunes filles :

Formation de la future ménagère au jardin ?

Cours de cuisine ?

Ecole ménagère ?

Jeunes ménages :

Le Jardin Ouvrier pour jeunes ménages ?

Dots terriennes ?

IV. — Observations et suggestions.

V

L'Organisation pratique
des Jardins Ouvriers

Appellation de l'Œuvre :

Adresse :

I. — Constitution de l'Œuvre.

L'œuvre est-elle due à une initiative individuelle ?

Si elle constitue une société, est-elle simple association de fait ?

Association déclarée (loi de 1901) ?

Société coopérative ?

Société par actions (loi de 1906) ?

L'œuvre est-elle affiliée à la Ligue du Coin de Terre et du Foyer ?

est-elle section de la Ligue du Coin de Terre et du Foyer ?

L'œuvre est-elle rattachée à une autre organisation ?

à un établissement public : Municipalité ?

Bureau de bienfaisance ?

Hospice ?

Caisse d'Epargne ?

à une Paroisse ?

à une Conférence de Saint-Vincent-de-Paul ?

à une Œuvre privée quelconque ?
à une société d'Habitations à bon marché ?
à une société industrielle ?
à un syndicat ouvrier ?

II. — Administration.

Par qui l'œuvre est-elle administrée ?
    par un directeur ?
    par un comité ?
    par des délégués ouvriers ?.
Comment s'est-elle procuré des terrains ?
    en propriété :
        reçue par don gratuit ?
        acquise à titre onéreux ?
    en location :
        à bail ?.
        à titre précaire ?
Comment s'assure-t-elle des ressources ?
    Cotisations des jardiniers ?
    Cotisations des membres honoraires ?
    Offrandes et subventions ?
Par quels moyens l'Œuvre encourage-t-elle la culture ?
    Visite des jardins ?
    Expositions ?
    Concours et récompenses ?
    Fêtes ?
    Appel au concours des sociétés d'horticulture?

III. — Règlement imposé aux bénéficiaires.

Quelles sont les règles établies :
    pour l'attribution des Jardins ?
    pour la cessation de jouissance ?
Quelles sont les conditions posées :
    1° Culture ?
    2° Jouissance en famille ?
        Une tonnelle est-elle exigée dans ce but?
    3° Cotisation ou location ?

IV. — Résultats obtenus.

Résultats matériels :
    Est-il fait un relevé exact des produits du jardin ?

Pouvez-vous en citer quelque exemple ?
Quelle est la valeur approximative de la récolte
à l'are ?
Résultats moraux :
individuels ?
familiaux ?
sociaux ?

V. — Œuvres Annexes.

Ecole ménagère ?
Mutualité maternelle ?
Société de Secours mutuels ?
Coopérative d'achats ?

Liste des Adhérents au Congrès

A

Abtey (Emile), président de la Société pour le développement des Jardins Ouvriers de Mulhouse, 4, rue Pfastatt, Mulhouse (Haut-Rhin).

Adam (Mlle Jeanne), directrice de l'Ecole professionnelle, 24, rue Ganneron, Paris (XVIIIe).

Adenis (Charles), président des Jardins ouvriers du XIIe arrondissement, 74, boulevard Saint-Germain, Paris (VIe).

Aiguier (Joseph), président de l'Œuvre des Jardins de Famille de Marseille et de la Fédération des Jardins ouvriers du Midi, 81, rue de la Palud, Marseille.

Aiguier (Mme Joseph), 81, rue de la Palud, Marseille.

Albert (Jérôme), chef de service à la mairie de Tourcoing (Nord).

Amos et Cie, La Neuveville-lès-Raon (Vosges).

Antoine (Georges), député de la Somme, 2, rue d'Alger, Amiens (Somme).

Arbelet (Paul), professeur au Lycée Condorcet, 2, place du Palais-Bourbon, Paris (VIIe).

Arbelet (Mlle Suzanne), 72, rue du Cherche-Midi, Paris (VIe).

Arbelet (Pierre), inspecteur divisionnaire au Contentieux de la Compagnie du Nord, 9, rue Ambroise-Paré, Paris (X^e).

Arnaud, ancien député, Surville, par la Haye-du-Puits (Manche).

Arnaud, professeur à Saint-Girons (Ariège).

Arrou (D^r), 9, rue Bayard, Paris (VIIIe).

Asselin (Georges), ingénieur, président de l'Association amiénoise des Jardins ouvriers, 12, rue Dom-Grenier, Amiens (Somme).

ASSEMAN (Mlle Elodie), 17, .rue de Vatou, Steenvoorde (Nord),

ASSOCIATION DES CITÉS-JARDINS DE GRAVELINES (Nord).

ASSOCIATION DES JARDINS OUVRIERS DE FRILEUSE, près Le Havre (Seine-Inférieure).

AVRIL (Jules), rédacteur en chef du *Journal du Havre*, Le Havre (Seine-Inférieure),

AZÉMON (Victor d'), 27, route de Toulouse, Carcassonne (Aude).

B

BACQUET (Paul), avocat, président de la Fédération des Jardins ouvriers du Nord et du Pas-de-Calais maritimes, 57, boulevard Mariette, Boulogne-sur-Mer (Pas-de-Calais).

BACHELET (Henri), sénateur du Pas-de-Calais, Vaulx-Vraucourt (Pas-de-Calais).

BALOIS (Auguste), secrétaire du Coin de Terre et du Foyer Tourquennois, 132, rue de Lille, Tourcoing (Nord).

BARTHELLEMY, agriculteur, Jurançon (Basses-Pyrénées).

BAURET (Paul), industriel, 101, rue de Prony, Paris (XVIIe).

BATAILLE (M. l'abbé Jules), curé-doyen de Notre-Dame, 5, rue des Ecoles, Roubaix (Nord).

BAUDE-BACQUET (M. Albert), Austruy-Rety, par Rinxent (Pas-de-Calais).

BAUZON, maire de Laroque-d'Olmes (Ariège).

BEHEYDT (M. l'abbé), curé de Walloncappel (Nord).

BELIN (D^r Ch.), directeur de l'Office d'Hygiène, 1, rue Gœthe, Strasbourg.

BENEDETTI (Antoine), agréé au Tribunal de Commerce, 6, avenue du Palais-de-Justice, Ajaccio (Corse).

BERGERET DE FRONVILLE, maire de Sceaux, 12, rue Bertron, Sceaux (Seine).

BERGMANN (Mlle Mathilde), 4, rue Sainte-Elisabeth, Strasbourg.

BERMOND (Emile), horticulteur, villa Elise, route de Palavas, Montpellier (Hérault).

BERNARD (Georges), maire de Montbéliard (Doubs).

BERSEZ (Paul), sénateur du Nord, 14, rue de Solesmes, Cambrai (Nord).

BERTHELOT (général), membre du Conseil supérieur de la Guerre, gouverneur militaire de Strasbourg.

BERTRAND (Mlle Joséphine), présidente du Coin de Terre toulousain, 3 *bis*, rue Demouilles, Toulouse (Haute-Garonne).

BIGNE (M. l'abbé Gabriel de la), chanoine de la Cathédrale d'Orléans, 46, rue Sainte-Euverte, Orléans (Loiret).

BINET (Mgr Henri), évêque de Soissons, 35, rue de la Congrégation, Soissons (Aisne).

BIROT (M. le chanoine), archiprêtre de la Cathédrale, rue du Pigné, Albi (Tarn).

BLAIS-MOUSSERON, 62, rue Spontini, Paris (XVIe).

BLANC (Arthur), officier honoraire d'infanterie, Bréchamps, par Nogent-le-Roi (Eure-et-Loir).

BOCHE (Charles), 11, rue de la Duquennière, Croix (Nord).

BOIDIN (Auguste), chimiste, président de la Société des Jardins ouvriers de Seclin, 1, Grand'Place, Seclin (Nord).

BONÉT, président du Groupement horticole des Jardins populaires de Vanves, 94, rue du Plateau, Vanves (Seine).

BONNAIRE (Arthur), secrétaire général du Comité central des Œuvres de Jardins ouvriers de l'Oise, 11, rue Robert, Beauvais (Oise).

BONY (Louis), capitaine au long cours, Villequier (Seine-Inférieure).

BOSMENT (Henri), administrateur-directeur de la Société anonyme d'Errouville, Crusnes, par Anmetz (Moselle).

BOUCHER (commandant), président de l'Œuvre des Jardins ouvriers de La Rochelle, 2, Grande-Rue de Lafond, La Rochelle (Charente-Inférieure).

BOUCHER (Henri), assureur-conseil, 24, rue du Moulin-Vert, Paris (XIVe).

BOUDINHON (Mgr Auguste), recteur de Saint-Louis-des-Français, via San Luigi di Francesi, Rome.

BOURDEAU (Léon), maire d'Ivry, 29, rue du Parc, Ivry (Seine).

BOURSY (René), avoué honoraire, château de Lamare, par Pont-Audemer (Eure).

BOUTELOUP (Maurice), directeur de la Dette d'Alsace et Lorraine, 8, rue Stœber, Strasbourg.

BOUR (A.), 40, rue de Liège, Paris (VIIIe).

BOYER (Mme), Park Moor, Pont-Aven (Finistère).

Brabant (Georges), administrateur du Crédit Immobilier de l'arrondissement de Lille (Nord).

Brincard (Baronne), 89, rue du Faubourg-Saint-Honoré, Paris (VIII⁰).

Brisson-Sarcey (Mᵐᵉ Yvonne), directrice de l'Université des Annales, présidente des Maisons Claires, 5, rue La Bruyère, Paris (IXᵉ).

Brun (Ch.), président de la Société Industrielle de l'Est, 40, rue Gambetta, à Nancy (Meurthe-et-Moselle).

Burguburu (Dʳ Pierre), 4, rue Ehrmann, Strasbourg.

Buron (Edmond), archiviste, 10, rue Clauzel, Paris (IXᵉ).

C

Caillet (Mᵐᵉ Ernest), 7, rue Cortambert, Paris (XVIᵉ).

Caillet (Eugène), 68, avenue des Champs-Elysées, Paris (VIIIᵉ).

Cappelle (Dʳ), Font-Romeu (Pyrénées-Orientales).

Carmichael (R.-S.), industriel, 15, rue du Louvre, Paris (Iᵉʳ).

Catteau (M. l'abbé Emile), curé de Hem-lèz-Lille' (Nord).

Caudron (Amédée), ingénieur, directeur technique des Etablissements Waddington, Saint-Remy-sur-Avre (Eure-et-Loir).

Cazalet (Charles), président des Jardins Ouvriers de Bordeaux, 8, rue Reignier, Bordeaux.

Chabert (Charles), sénateur de la Drôme, à Saint-Donat (Drôme).

Chabrun (César), député, 10 *bis*, rue Vavin, Paris (VIᵉ).

Chaine (Léon), avoué, 90, rue de l'Hôtel-de-Ville, Lyon.

Chambre de Commerce de Strasbourg, 22, rue des Serruriers, Strasbourg.

Champion (Célestin), président de la Société coopérative de Jardinage de Belfort, 12, rue de la Savoureuse, Belfort

Changeux (Mᵐᵉ M.), 62, boulevard Lundy, Reims (Marne).

Chapelain, secrétaire des Jardins Ouvriers de Pantin-Aubervilliers, 3, avenue Alfred-Lesieur, Pantin (Seine).

Charniaux (Etienne), 16, rue Martyn, Calais (Pas-de-Calais).

CHAUTEMPS (Camille), député, maire de Tours (Indre-et-Loire).

CHERRIER (A.), président de la Ruche mutualiste de Sceaux, 12, rue Domrémy, Paris (XIIIe).

CHEVASSU, Kerbihan, Hennebont (Morbihan).

CHOQUET (A.), chef des Jardins et Plantations des Mines de Lens, route de Béthune, Lens (Pas-de-Calais).

CIROT (Charles), président des Jardins Ouvriers de Gravelines, 31, rue Aupick, Gravelines (Nord).

CLAIR (Maurice), avoué, 19 *bis*, rue Sainte-Adélaïde, Versailles (Seine-et-Oise).

CLAIRIN (Mme Thérésa), 6 *bis*, rue de l'Abbaye, Paris (VIe).

CLOUET (Paul), directeur des Contributions directes en retraite, président de l'Œuvre des Jardins Ouvriers de Tours, 139, rue George-Sand, Tours (Indre-et-Loire).

COFFIN (D^r), 198, rue Saint-Jacques, Paris (V^e).

COFFIN (Mme), 198, rue Saint-Jacques, Paris (V^e).

COFFIN (Maurice), interne des hôpitaux, 32, rue Lacépède, Paris (V^e).

COLLET (Edouard), négociant. 9, rue Paul-Bert, Calais (Pas-de-Calais).

COLLINET (Paul), professeur à la Faculté de Droit, 26, rue Vavin, Paris (VIe).

COLPIN (M. l'abbé), aumônier du Collège des Flandres, Hazebrouck (Nord).

COMITÉ PERMANENT DE LA NATALITÉ, 24, rue du Mont-Thabor, Paris (Ier).

COMPAGNIE DES MINES D'OSTRICOURT, Oignies (Pas-de-Calais).

CONEM (Charles), maire d'Armentières (Nord).

COQUELLE (M. l'abbé Georges), curé du Fort-Nieulay, 25, rue de Constantine, Calais (Pas-de-Calais).

COQUELLE (Félix), vice-président du Conseil général du Nord, maire de Rosendaël (Nord).

COSTILLE (Joseph), directeur de l'Office municipal du Travail de Lyon, place Raspail, Lyon.

COURT (Clément), comptable, 13, quai Rambaud, Lyon.

CRETTÉ (Jean), 16, rue Raspail, Ivry (Seine).

CRIEL (Gaston), rue Desmazières, Seclin (Nord).

CUVELETTE (Ernest), directeur général de la Société des Mines de Lens (Pas-de-Calais).

Cypriani (Juge), professeur au Lycée, 10, boulevard Victor-Hugo, Alais (Gard).

D

Damoiseau (Pierre), avoué, 105, boulevard de Strasbourg, Le Havre (Seine-Inférieure).

Dansin (Mme), 42, rue de Grenelle, Paris (VIIe).

David (Mlle Gabrielle), 29, rue du Rivage, Hazebrouck (Nord).

David (M. l'abbé Maurice), professeur à Douai (Nord).

Delory (Gustave), maire de Lille (Nord).

Decuper-Delvaux (Victor), 18, rue Royale, Paris (VIIIe).

Defoort (Colonel), délégué de la H. C. I. T. R., Deux-Ponts (Palatinat).

Defresne (M. et Mme), 149, rue Saint-Charles, Paris (XVe).

Delargille (Paul), secrétaire des Jardins Ouvriers de la Société d'Horticulture et de tempérance, 11, rue Victor-Hugo, Montataire (Oise).

Delattre-Lemire, 32, route Nationale, Ascq (Nord).

Delavenne (Georges), conseiller municipal de Paris, 3, avenue de La Bourdonnais, Paris (VIIe).

Delbecq (Dr Henri), 139, rue Jules-Barni, Amiens (Somme).

Delegrange (D^r), 15 *bis*, rue des Ursulines, Tourcoing (Nord).

Delemer (Jean), administrateur-délégué des Etablissements Agache fils, Pérenchies (Nord).

Delenclos-Blondel, 478, grand chemin de Loos, Lens Pas-de-Calais).

Delloue (Mme Frédéric), présidente de la Société des Jardins Ouvriers, 208, rue Jean-Jaurès, à Croix (Nord).

Delorme (A.), président de la Société des Jardins Ouvriers de Vichy, 41, boulevard Carnot, Vichy (Allier).

Delvoye (Albert), secrétaire de l'Œuvre Berguoise des Jardins Ouvriers, 17, rue aux Pompes, Bergues (Nord).

Demolon (J.), conseiller général du Nord, président du Coin de Terre ouvrier cambrésien, 44, rue Vauban, Cambrai (Nord).

Denaiffe (Henri), président de la Société d'Horticulture de Sedan, Carignan (Ardennes).

Denis (Dr Maurice), président de l'Association orléanaise des Jardins ouvriers, 4, rue d'Alsace-Lorraine, Orléans (Loiret),

Depauw (Néry), délégué de la Fédération des Jardins ouvriers de Roubaix, 190, rue Daubenton, Roubaix (Nord).

Derezinski (Jean), consul de Pologne, 49, boulevard Clémenceau, Strasbourg.

Descostes (Adolphe), inspecteur d'assurances, 30, rue Edouard-Delanglade, Marseille.

Desgroux (Cyprien), député, maire de Beauvais (Oise),

Desrumeaux (Jules), 87, rue de l'Industrie, Roubaix (Nord).

Devillers (Victor), président de la Société des Jardins Ouvriers de Saint-Quentin, 3, place du Palais-de-Justice, Saint-Quentin (Aisne).

Devin (Mme M.), présidente de l'Œuvre des Jardins Ouvriers, 16, rue de Nassau, Sedan (Ardennes).

Devin (Mlle Elisabeth), 16, rue de Nassau, Sedan (Ardennes).

Dewavrin (Fernand), président du Coin de Terre et du Foyer Tourquennois, 24, rue Chanzy, Tourcoing (Nord).

Dodanthun, avocat, 36, rue Masséna, Lille (Nord).

Dombray-Schmitt, président de « L'Abri Familial », 28, rue Saint-Michel, Nancy (Meurthe-et-Moselle).

Dormont (Mlle Gabrielle), directrice de l'Ecole ménagère des Jardins Ouvriers de Versailles, 1, place Saint-Symphorien, Versailles (Seine-et-Oise).

Dreyfuss, 51, rue de Londres, Paris (IXe).

Dron (Dr Gustave), président du Dispensaire d'Hygiène Sociale, 18, rue des Piats, Tourcoing (Nord).

Droulers (Charles), 12 bis, avenue Bosquet, Paris (VIIe).

Drudin (François), 28, Chemin des Mûres, Lyon.

Dubas (Fernand), notaire, président du Coin de Terre de Dreux, 12, rue Parisis, Dreux (Eure-et-Loir).

Dubois (Etienne), secrétaire de la Société des Jardins Ouvriers de Breteuil, 12, rue Victor-Hugo, à Breteuil-sur-Noye (Oise).

Ducrocq (Maxime), notaire, président de l'Œuvre lilloise des Jardins Ouvriers, 64, boulevard de la Liberté, Lille.

Duflot (Emile), directeur des Jardins Ouvriers de Maisons-Alfort, 3, rue Pelletan, Alfortville (Seine).

Dufour (Armand), 42, rue Victor-Hugo, Alfortville (Seine).

Dumur (Charles), secrétaire de la Société des Jardins Ouvriers de Clichy, 21, rue du Landy, Clichy (Seine).

Duriez (Joseph), notaire, président de la section calaisienne de la Ligue du Coin de Terre et du Foyer, 7, rue de l'Hospice, Calais (Pas-de-Calais).

Duval-Arnould (Louis), député de Paris, président de la Société d'Economie sociale, 95, rue de Rennes Paris (VI*).

Duvivier (Emmanuel), inspecteur des Mines, 15, rue Général-de-Castelnau, Thionville (Moselle).

E

Eccard, sénateur du Bas-Rhin, 43, rue Foch, Strasbourg.

Edart (Léon), receveur de l'Enregistrement, 332, route de Douai, Petit-Ronchin (Nord).

Emmanuel (Maurice), professeur au Conservatoire de Paris, 42, rue de Grenelle, Paris (VII*).

Enfière (André), 160, rue Saint-Jacques, Paris (V*).

Ernwein (Frédéric), président du Directoire de l'Eglise de la Confession d'Augsbourg, 1, quai Saint-Thomas, Strasbourg.

Essig (Edouard), 3, rue Gounod, Paris (XVII*).

Estissac (Duchesse d'), 28, rue Saint-Dominique, Paris (VII*).

Etablissements des héritiers Georges Perrin, Filature, Charmes-sur-Moselle (Vosges).

F

Faure (René), conseiller d'arrondissement, Oxelaere, par Cassel (Nord).

Fédération des Associations Familiales de la région parisienne, 92, rue du Moulin-Vert, Paris (XIV*).

Fédération des Jardins ouvriers du Nord et du Pas-de-Calais maritimes, 57, boulevard Mariette, Boulogne-sur-Mer (Pas-de-Calais).

Filature alsacienne Gluck et Cie, Mulhouse (Haut-Rhin).

FILATURE FREY ET Cie, Mulhouse (Haut-Rhin).

FINAZ (Camille), président de l'Association pour le Jardin et le Foyer de l'ouvrier, 2, rue Mi-Carême, Saint-Etienne (Loire).

FINON (Georges), 9, boulevard Carnot, Provins (Seine-et-Marne).

FLANDIN (Mlles M. et L.), 126, Prado, Marseille.

FOLLIN (Jean), sous-lieutenant au 11e régiment d'aviation, 3, rue de Bagneux, Paris (VIe).

FOURCADE (F.), 82, boulevard de Courcelles, Paris (XVIIe).

FOURNIER-SARLOVÈZE, député, maire de Compiègne (Oise).

FRANÇOIS-MARSAL (Frédéric), sénateur, 146, rue de Grenelle, Paris (VIIe).

FRAYSSE, principal clerc d'avoué, directeur des Jardins ouvriers de la Conférence de Saint-Vincent-de-Paul, 27, rue Saint-Cyrice, Rodez (Aveyron).

FREMAUX (Léon), président honoraire de la Chambre de Commerce d'Armentières-Hazebrouck, 47, avenue Bosquet, Paris (VIIe).

FRION (René), rue Saint-Jean, La Tour-du-Pin (Isère).

G

GALINIER (Marcel), avocat, 17 *bis*, avenue de Villeneuve-l'Etang, Versailles (Seine-et-Oise).

GALLOTTI (Paul), ingénieur civil, 14, rue Littré, Paris (VIe).

GANDY (D^r), président de la Conférence de Saint Vincent de-Paul de Bagnères-de-Bigorre (Hautes-Pyrénées).

GARCIN (Mme Adolphe), 2, boulevard Paul-Déroulède, Strasbourg.

GARCIN (Mlle Marcelle), directrice de l'Ecole d'Infirmières, 1, rue des Greniers, Strasbourg.

GARIN (Edmond), maire de Cambrai (Nord).

GAST, député de Seine-et-Oise, Ville-d'Avray (Seine-et-Oise).

GAULIER (Léopold), industriel, 5, rue Darcet, Paris (XVIIe).

GÉNY (Victor), 10, rue Gaillon, Paris (IXe).

GEORGEL (Paul), président de l'Œuvre nancéienne d'Assistance par le Jardin, 7, rue Léopold-Lallement, Nancy (Meurthe-et-Moselle).

GEORGES-PICOT (Charles), vice-président de la Société générale de Crédit industriel et commercial, 24, rue Eugène-Flachat, Paris (XVIIe).

Georges-Picot (Robert), avocat à la Cour d'appel, 37, rue Ampère, Paris (XVIIe).

Germot (René), président de « La Grande Famille Ariégeoise », Pamiers (Ariège).

Gibier (Mgr), évêque de Versailles (Seine-et-Oise).

Ginoyer (Marcel), clerc de notaire, Pont-Aven (Finistère).

Glacerie de Montluçon (Allier).

Glorieux (Mgr), vicaire général de l'Evêché, 6, rue de Constantine, Amiens (Somme).

Glorieux (Achille), industriel, membre du Conseil supérieur de la Natalité, 94, boulevard de Paris, Roubaix (Nord).

Godart (Justin), député du Rhône, 9, quai Voltaire, Paris (VIIe).

Godeluck (William), 12, boulevard de Nancy, Strasbourg.

Goemaere (Joseph), secrétaire général de la Ligue belge du Coin de Terre et du Foyer, 21, rue de la Limite, Bruxelles.

Gonse-Boas (Mme), présidente-fondatrice de la Nouvelle Etoile des petits Enfants de France, 14, rue Saint-Guillaume, Paris (VIIe).

Goudard, président du Comité des Jardins Ouvriers du XIIIe arrondissement, 1, place d'Italie, Paris (XIIIe).

Goyau (Georges), de l'Académie française, 36, rue de la Pompe, Paris (XVIe).

Granval-Vigier (comtesse), Surville, par la Haye-du-Puits (Manche).

Grémilly, 3, rue Stephenson, Margny-lès-Compiègne (Oise).

Guépratte (vice-amiral), député du Finistère, 5, rue de Neptune, Brest (Finistère).

Guer Sal (Mme de), 7, rue de Paris, Sedan (Ardennes).

Guillard (Paul), conseiller général de la Seine-Inférieure, 102, rue Gustave-Flaubert, Le Havre (Seine-Inférieure).

H

Haemers (Daniel), maire de Gravelines (Nord).

Haigniéré (M. l'abbé Edmond), directeur de l'Œuvre des Jardins Ouvriers de Saint-Joseph, Guines-en-Calaisis (Pas-de-Calais).

HAMEL (Joseph), professeur à la faculté de droit de l'Université de Strasbourg, 28, avenue de la Paix, Strasbourg.

HANRA (Gabriel), directeur des mines de fer de Saint-Pierremont, Mancieulles (Meurthe-et-Moselle).

HARMEGNIES (Arthur), industriel, 14, rue Voltaire, Anzin (Nord).

HAYEZ (Paul), sénateur du Nord, 41, boulevard Delebecque, Douai (Nord).

HECKER (Georges), secrétaire de l'Office municipal des Jardins Ouvriers de Strasbourg, 17 ª, rue de la Grossau, Strasbourg-Vendorf.

HÉMARD (Charles), conseiller général de la Seine, 78, rue de Paris, Montreuil (Seine).

HENNEBERT (Mlle Léonie), directrice d'Ecole, 27, rue de Queux-de-Saint-Hilaire, Hazebrouck (Nord).

HEURTAULT (Eugène), ingénieur en chef des Ponts et Chaussées en retraite, Pougues-les-Eaux (Nièvre).

HOLL (Charles), industriel, 10, rue Oberlin, Strasbourg.

HUA (Georges), auditeur au Conseil d'Etat, 30, rue Boissière, Paris (XVIᵉ).

HUGUES (Frédéric), député de l'Aisne, Saint-Quentin (Aisne).

I

ISAERT (Victor), maire d'Arnêke (Nord).

J

JACQUES (Victor-Ferdinand), 22, rue de la Comète, Asnières (Seine).

JANICOT (Louis), directeur des Jardins Ouvriers du Fort de Vanves, 14, rue Delambre, Paris (XIVᵉ).

JARDEL (Ludovic), avocat, président du Comité des Jardins Ouvriers de Douai, 8, rue du Gouvernement, Douai (Nord).

JARDINS OUVRIERS DE PERPIGNAN, fondation Dieudé, Perpignan (Pyrénées-Orientales).

JOFFROY (B.), secrétaire général de la Société Horticole et Avicole, 34, rue du Four, Bar-le-Duc (Meuse).

JOLY (M. l'abbé), curé de Saint-Joseph des Quatre-Routes, 187, rue du Ménil, Asnières (Seine).

K

Keppi (Jean), secrétaire général de la ville de Haguenau (Bas-Rhin).

Klein (M. l'abbé Félix), 1, sentier de la Pointe, Meudon (Seine-et-Oise).

Kleitz (F.), Thal (Bas-Rhin).

Krug (Charles), maire de Besançon (Doubs).

Kuntz, président de la Commission synodale de l'Eglise réformée, 2, rue du Bouclier, Strasbourg.

L

Lacretelle (G.), 29, rue Cambacérès, Paris (VIIIᵉ).

Lagorse (Joseph), docteur en médecine, Brive (Corrèze).

Lambrecht (A.), 18, rue du Maréchal-Foch, Dunkerque (Nord).

Lamérant (Auguste), secrétaire général de l'Union syndicale des Jardins Ouvriers d'Armentières, grand'route Nationale, Nieppe (Nord).

Lancry (Mᵐᵉ Gustave), 153, rue Nationale, Rosendaël, (Nord).

Lanoire (Edmond), juge d'instruction, 63, cours d'Albret, Bordeaux.

Lardeur (Joseph), président de la Société des Jardins Ouvriers de Saint-Omer, 29, rue du Saint-Sépulcre, Saint-Omer (Pas-de-Calais).

Lebas (Albert), général de brigade du cadre de réserve, 32, boulevard Raspail, Paris (VIIᵉ).

Lebas (Julien), ingénieur, 37, rue de Trévise, Lille (Nord).

Leborgne (Jules), président du Comité central des Jardins Ouvriers de l'Oise, 7, boulevard du Palais, Beauvais (Oise).

Lechardeur (Constant), directeur des Jardins Ouvriers de la Porte de Saint-Ouen, 172, rue Cardinet, Paris (XVIIᵉ).

Lefebvre (Frédéric), 1, rue du Champ-des-Oiseaux, Rouen (Seine-Inférieure).

Lefèvre (Edmond), industriel, 20, rue de Maure, La Ferté-Macé (Orne).

LEFÈVRE-RIGOT (Auguste), armateur, quai Morand, Paimpol (Côtes-du-Nord).

LEFORT et C<ie>, Forges et Clouteries Réunies, Mohon, (Ardennes).

LEGRAND (Mme Jules), 62, rue Blomet, Paris (XVe).

LEHEMBRE (M. l'abbé Maurice), professeur au collège du Sacré-Cœur, 111, rue de Lille, à Tourcoing (Nord).

LEICKNAM (Georges), ingénieur, Jarny (Meurthe-et-Moselle).

LEIRIS (Pierre), associé d'agent de change, 7, square Théophile-Gautier, Paris (XVIe).

LEMASSON (Mme H.), présidente du groupe de Jardins d'Anciens Combattants et Légionnaires de Saint-Ouen, 33, avenue Henri-Martin, Paris (XVIIe).

LEMAY (P.), directeur général des mines d'Aniche (Nord).

LEMIRE (M. l'abbé Jules), député du Nord, 26, rue Lhomond, Paris (Ve).

LEMIRE (Chanoine Emile), supérieur du Séminaire Saint-Thomas, à Annapes, par Ascq (Nord).

LEMIRE (Hubert), cultivateur, Pâtures Parent, à Cysoing (Nord).

LENER (Mlles Marie et Joséphine), 11, rue du Clocher, Hazebrouck (Nord).

LEPOIVRE frères, brasseurs, Seclin (Nord).

LEPRETTE (M. l'abbé J.), curé de Maing (Nord).

LERAY (Francis), président du conseil d'administration de l'Office public d'Habitations à bon marché, 13, rue de Briord, Nantes (Loire-Inférieure).

LERCH (André), négociant, 24, rue Félix-Faure, Le Havre (Seine-Inférieure).

LERNOUT (Louis), conseiller municipal, 34, rue de la Clef, Hazebrouck (Nord).

LE ROY (Mgr A.), supérieur général des Pères du Saint-Esprit, 30, rue Lhomond, Paris (Ve).

LEROY (Arthur), président de la Société des Jardins Ouvriers de Sains-du-Nord (Nord).

LE SENNE (Mgr Eugène), évêque de Beauvais (Oise).

LESPAGNOL (Georges), lieutenant-colonel en retraite, 11, rue Adélaïde, Courbevoie (Seine).

LIÉMANCE (Jean), 4, rue de la Louvière, Lille (Nord).

LOIR (Alcide), 30, rue Philippe-de-Girard, Seclin (Nord).

LOVITON (F.), 9, rue du Val-de-Grâce, Paris (Ve).

M

Magasins du Louvre, place du Palais-Royal, Paris (Ier).

Mahieu (Albert), secrétaire général du ministère des Travaux publics, 14, avenue du Colonel-Bonnet, Paris (XVIe).

Mairie de Boulogne-sur-Mer (Pas-de-Calais).

Mairie de Nantes (Loire-Inférieure).

Majoux (Georges), industriel, Le Trait (Seine-Inférieure).

Mallevaeys (Eugène), 17, rue de la Chapelle, Paris (XVIIIe).

Maréchal (M. l'abbé Edouard), vicaire général de Mgr l'Evêque d'Arras, 8, rue des Fours, Arras (Pas-de-Calais).

Marfoix (M. l'abbé Frédéric), 5, rue Eugène-Manuel, Paris (XVIe).

Margez (Elie), chef de gare, Hazebrouck (Nord).

De Marle (Mlle Pauline), Neufchâtel-en-Saosnois (Sarthe).

Marque (Gustave), pharmacien, directeur des Jardins ouvriers d'Ivry, 5, rue Parmentier, Ivry (Seine).

Mars (Pierre), avoué, président de la Société blésoise des Jardins ouvriers, 23, rue des Rouillis, Blois (Loir-et-Cher).

Massiet du Biest, président de la Cour d'appel d'Amiens, 2, rue Louis-Thuillier, Amiens (Somme).

Mathieu (Albert), ingénieur des Arts et Manufactures, 31, avenue Gaston-Phœbus, Pau (Basses-Pyrénées).

Matton (Emile), notaire, 39, rue Aupick, Gravelines (Nord).

Maurer (M. l'abbé Félix), chanoine prébendé, Ecole Gerson, 31, rue de la Pompe, Paris (XVIe).

Mengin (Henri), maire de Nancy (Meurthe-et-Moselle).

Mény (M. l'abbé Georges), 43, rue de la Préfecture, Epinal (Vosges).

Mério (Mgr), directeur de l'Œuvre de la Sainte-Enfance, 44, rue du Cherche-Midi, Paris (VIe).

Merlin (Gustave), conseiller général du Nord, Gravelines (Nord).

Mesneau (Mme Cl.), 16, rue des Armuriers, Bourges (Cher).

Meunier (Gustave), directeur de la Cie électrique de la Loire et du Centre, rue du Pont-Ringuet, Montluçon (Allier).

Miguet, 1, boulevard Henri IV, Paris (IVe).

Milan (Mme M.), La Rochette (Savoie).

Mils (Louis), adjoint au commandant du Port aérien du Bourget, 22, rue de Paris, Aubervilliers (Seine).

Monteuuis, avoué à Dunkerque (Nord).

Mairie de Montrouge (Seine).

Morand (H.), président de l'Œuvre de Bienfaisance Gerson, 31, rue de la Pompe, Paris (XVIe).

Morin (Léon), directeur de la Société Houillière de Liévin (Pas-de-Calais).

De Morry (Roger), Maison Forte Raudin, Ecully (Rhône).

Moucheront, directeur des Douanes d'Algérie, Alger.

Moulin (A.), président de l'Association des Jardins Potagers du XVe arrondissement, 18, place de Vaugirard, Paris (XVe).

Muller (M. l'abbé J.), vicaire à la Madeleine, 8, rue de la Ville-l'Evêque, Paris (VIIIe).

Muller-Simonis (Paul), chanoine titulaire de Strasbourg, 5, rue Saint-Léon, Strasbourg.

De Mun (Comtesse Bertrand), présidente de la Société des Jardins ouvriers de Reims, 18, rue du Marc, Reims (Marne).

N

Naudet (M. l'abbé), 84, boulev. Montparnasse, Paris (XIVe).

Navel (Henri), directeur du Service des Promenades et des Jardins ouvriers de la ville de Metz (Moselle).

Noblemaire (Georges), député des Hautes-Alpes, 58, rue La Boétie, Paris (VIIIe).

Noilhac (Léon), 6, faubourg de Colmar, Mulhouse (Haut-Rhin).

Nomblot (Alfred), secrétaire général de l'Office agricole de la Seine, à Bourg-la-Reine (Seine).

Nys (Théodore), 103, avenue Ernest-Ruben, Limoges (Haute-Vienne).

O

Oberkirch, député du Bas-Rhin, Wasselonne (Bas-Rhin).

Odoux (Napoléon), rue Raymond-Derain, Marcq-en-Barœul (Nord).

Office agricole du département de la Seine, 63, rue de Varenne, Paris (VIIe).

OLDEWELT (F.-W.-C.-H.), avocat, président du Comité des Jardins ouvriers d'Amsterdam, Laren, près Amsterdam (Hollande).

P

PAIN (G.,, chimiste, adjoint au maire d'Elbeuf, 54, rue de la Barrière, Elbeuf (Seine-Inférieure).

PAIX et Cie, raffineurs de pétrole, 6, rue Saint-Samson, Douai (Nord).

PAPETERIES DE CLAIREFONTAINE, Etival (Vosges).

PASCAL-VALLUIT, manufacture de draperies, Vienne (Isère).

PECHIN (Emile), aumônier militaire du culte protestant, 51, faubourg National, Strasbourg.

PELT (Mgr Jean-Baptiste), évêque de Metz (Moselle).

PENANHOAT (Louis), secrétaire des Jardins ouvriers de Saint-Denis, 135, rue de Paris, Saint-Denis (Seine).

PENEL (M. l'abbé B.), professeur, 6, rue Lassaigne, Saint-Etienne (Loire).

PENON (Mgr J.-B.), évêque de Moulins (Allier).

PERRIN (A.), Thizy (Rhône).

PERSON (Hubert), principal clerc d'avoué, 11, rue Claude-Chahu, Paris (XVIe).

PEYNET (Jean-Lucien), receveur de l'Enregistrement,, à Hazebrouck (Nord).

PHILIBERT (Mlle M.), 3, rue de Grenelle, Paris (VIe).

PHILIPPART, maire de Bordeaux (Gironde).

PHILIPPE (Paul), président de la Société des Jardins ouvriers de Versailles, 32, rue de la Bonne-Aventure, Versailles (Seine-et-Oise).

PICHEREAU (Mme Léon), La Chevalerie, Couptrain (Mayenne).

PINASSEAU (François), notaire honoraire, président de la commission des Jardins ouvriers de la Société d'Horticulture de la Charente, 6, rue Fénelon, Angoulême (Charente).

PINAULT (Etienne), conseiller général, maire de Pacé (Ille-et-Vilaine).

PINGARD (Mme), 16, rue de Nassau, Sedan (Ardennes).

PINON (René), 21, avenue de la Motte-Piquet, Paris (VIIe).

PLANCKE (Colonel), commandant le 171e régiment d'infanterie, S. P. 204.

PLUMYOEN-CHARNIAUX, villa Jeanne-d'Arc, 50, rue de Bruxelles, Calais (Pas-de-Calais).

PODVIN (M. le chanoine Omer), curé-doyen de Notre-Dame, 6, place du Barlet, Douai (Nord).

POISOT (Mᵐᵉ Marcel), 52, rue Thiers, Beaune (Côte-d'Or).

POU (Denis), 4, rue des Lices, Blois (Loir-et-Cher).

Q

QUILLET (Mᵍʳ), évêque de Lille (Nord).

R

RABIER (M. l'abbé Marius), secrétaire des Œuvres, 14, rue Chemonton, Blois (Loir-et-Cher).

RAILLARD (Marcel), receveur des Finances, Corbeil (Seine-et-Oise).

DE RETZ (Pierre), directeur-liquidateur des mines de potasse sous séquestre, 17, rue de Huningue, Wittelsheim (Haut-Rhin).

RIBEYRE, 14, rue des Prés, Belfort.

RICHARD (Henri), 153, boulevard de la Liberté, Lille (Nord).

RICOUART (Mᵐᵉ), 11, rue Saint-Amand, Anzin (Nord).

RIMBERT (M. F.), maire de Dieppe (Seine-Inférieure).

RIU (Mˡˡᵉ Eugénie), Chamesson-sur-Seine (Côte-d'Or).

RIVENCQ (M. l'abbé Adrien), curé de Notre-Dame d'Auteuil, 4, rue Corot, Paris (XVIᵉ).

RIVERAIN (Alphonse), agriculteur à Vendôme (Loir-et-Cher).

RIVIÈRE (Marcel), libraire-éditeur, 31, rue Jacob, Paris (VIᵉ).

RIVIÈRE (Alexis), bâtonnier de l'ordre des Avocats, président de la Société des Jardins Ouvriers de Cambrai, 65 *bis*, rue des Capucins, Cambrai (Nord).

RIVOIRE (Philippe), vice-président de l'Œuvre Lyonnaise des Jardins Ouvriers, 16, rue d'Algérie, Lyon.

ROCHE (Emile), industriel, 70, avenue de Breteuil, Paris (VIIᵉ).

DE LA ROCHEBROCHARD (Vicomtesse René), 23, rue de l'Est, Poitiers (Vienne).

ROLAND (Dʳ), président de la Société de Jardins Ouvriers « La Paix Sociale », rue Carnot, Charleville (Ardennes).

Rosíer (Charles), 18, rue Laffitte, Paris (IXᵉ).

Rossignol, ingénieur en chef des Ponts et Chaussées, H. C., président de la Société Charitable des Habitations et Jardins Ouvriers de Saint-Vincent de Paul, 46, rue de Dunkerque, Paris (Xᵉ).

Rousseau (M. le Dʳ et Mᵐᵉ Henri), 64, rue de Paris, à Joinville-le-Pont (Seine).

Rousselet (Louis), 49, rue Berger, Paris (Iᵉʳ).

Roussin (Mᵐᵉ Zacharie), 1, place Saint-Sulpice, Paris (VIᵉ).

Routier de Lisle, directeur des Jardins Ouvriers de Choisy et de Thiais, 55, rue de Babylone, Paris (VIIᵉ).

Roux (Dʳ), directeur de l'Institut Pasteur, 25, rue Dutot, Paris (XVᵉ).

Rozaire (Louis), vice-président de la Société des Jardins Ouvriers de Troyes, 15, rue Diderot, Troyes (Aube).

Ruyssen (Eugène), receveur particulier des Contributions indirectes, 117, rue Monge, Paris (Vᵉ).

Ryckelynck (Germain), lieutenant-colonel commandant le 5ᵉ régiment d'infanterie coloniale, à Coblence.

Ryckelynck (Mᵐᵉ G.), 68, rue de Bailleul, Hazebrouck (Nord).

S

Saleilles (Mᵐᵉ Raymond), 20, rue de Grenelle, Paris (VIIᵉ).

Saleilles (François), bibliothécaire à la Faculté de Droit de l'Université de Paris, 20, rue de Grenelle, Paris (VIIᵉ).

Samin (Edouard), 5, rue Traversière, Paris (XIIᵉ).

Samsoen (Dʳ César), 5, rue de Rubecque, Hazebrouck (Nord).

Sanguin (Louis), président de l'Association rouennaise des Jardins Ouvriers, 7, avenue de Caen, Rouen (Seine-Inférieure).

Saurin (Jules), 21, rue Bertholon, Tunis (Tunisie).

Scheibel (Léon), syndic de la ville de Mulhouse, 15, rue des Orphelins, Mulhouse (Haut-Rhin).

Scheurer (Jules), sénateur du Haut-Rhin, Bitschwiller-Thann (Haut-Rhin).

Scheurer (Charles), directeur de la Compagnie des Tramways strasbourgeois, 67, avenue des Vosges, Strasbourg.

SCHMOLL, président du Consistoire israélite du Bas-Rhin, 2, quai Kléber, Strasbourg.

SECTION BOULONNAISE DE LA LIGUE DU COIN DE TERRE ET DU FOYER, 57, boulevard Mariette, Boulogne-sur-Mer (Pas-de-Calais).

SIEGFRIED (Mme Jacques), L'Herminier, route de Toulouse, Montpellier (Hérault).

SIEGFRIED (Mlle Agnès), château de Langeais (Indre-et-Loire).

SIGEAN (Pierre), industriel, directeur des Jardins Ouvriers de Montrouge, 113, rue de Bagneux, Montrouge (Seine).

SIMETERRE (M. l'abbé Raymond), professeur à l'Institut catholique de Paris, 93 *bis*, route de Clamart, Issy (Seine).

SIMON (Paul), négociant, 24, rue du Faubourg de la Barre, Strasbourg.

SIROEN (Jérôme), secrétaire des Cités-Jardins Ouvriers d'Hondschoote, 5, rue du Sud, Hondschoote (Nord).

SIVRE, 3, rue de l'Horloge, Foix (Ariège).

SIX (M. l'abbé Paul), directeur des Œuvres sociales du Nord, 23, rue de la Justice, Lille.

SOCIÉTÉ ANONYME DES BISCUITS PERNOT, 14, rue Courtépée, Dijon (Côte-d'Or).

SOCIÉTÉ ANONYME D'ESCAUT-ET-MEUSE, à Anzin (Nord).

SOCIÉTÉ ANONYME DES FILATURES DE L'EST, Lunéville (Meurthe-et-Moselle).

SOCIÉTÉ ANONYME DES HAUTS-FOURNEAUX ET FONDERIES DE BROUSSEVAL (Haute-Marne).

SOCIÉTÉ ANONYME DE MINES ET D'ELECTRICITÉ LA HOUVE, 2, allée de la Robertsau, Strasbourg.

SOCIÉTÉ FRANÇAISE DE LA VISCOSE, 16, rue du Louvre, Paris (Ier).

SOCIÉTÉ DES HAUTS-FOURNEAUX ET FONDERIES DE PONT-A-MOUSSON, 9, rue Saint-Léon, Nancy (Meurthe-et-Moselle).

SOCIÉTÉ DES HAUTS-FOURNEAUX, FORGES ET ACIÉRIES DE DENAIN ET D'ANZIN, 12, rue d'Athènes, Paris (X^e).

SOCIÉTÉ HAVRAISE DU CRÉDIT IMMOBILIER, 102, rue Gustave-Flaubert, Le Havre (Seine-Inférieure).

SOCIÉTÉ HAVRAISE DES JARDINS OUVRIERS, 102, rue Gustave-Flaubert, Le Havre (Seine-Inférieure).

Société d'Horticulture de l'Arrondissement de Dieppe, (Seine-Inférieure).

Société d'Horticulture de Neuilly-sur-Seine, hôtel de Ville de Neuilly-sur-Seine (Seine).

Société Immobilière du Trait (Seine-Inférieure).

Société des Jardins ouvriers de la ville de Boulogne-sur-mer (Pas-de-Calais).

Société des Jardins Ouvriers de l'arrondissement de Dieppe (Seine-Inférieure).

Société des Jardins Ouvriers de Nîmes, 10, rue Saint-Laurent, Nîmes (Gard).

Société des Mines de Jarny (Meurthe-et-Moselle).

Société Minière des Terres-Rouges, Audun-le-Tiche (Moselle).

Société Nationale d'Horticulture de France, 84, rue de Grenelle, Paris (VIIe).

Société nouvelle des Etablissements Decauville ainé, 66, rue de la Chaussée-d'Antin, Paris (VIIIe).

Soufflet (O.), 77, rue de Valenciennes, Caudry (Nord).

Stern (Hubert), 20, avenue Montaigne, Paris (VIIIe).

Striffling (Jean), secrétaire de la Section Dijonnaise de la Ligue du Coin de Terre, 22, rue Chabot-Charny, Dijon (Côte-d'Or).

Surmont (Dr Hippolyte), professeur à la Faculté de Médecine de Lille, 10, rue du Dragon, Lille (Nord).

T

Terquem (Henri), maire de Dunkerque (Nord).

Tessier (André), archiviste au service photographique des Monuments Historiques, 34, rue de l'Yvette, Paris (XVIe).

Tessier (Gaston), secrétaire général de la Confédération des Travailleurs chrétiens, 5, rue Cadet, Paris (IXe).

Théry (Aimé), directeur des Jardins Ouvriers de Boulogne-sur-Seine (Seine).

Thibout (Dr Georges), député de la Seine, 16, rue d'Offémont, Paris (XVIIe).

Thomas (Pierre), directeur d'Usine, 8, rue de Clèves, Charleville (Ardennes).

Thomas (Camille), pharmacien, président de la Société des Jardins Ouvriers de Saint-Dizier, 28, rue du Marché, Saint-Dizier (Haute-Marne).

THOUMYRE (Robert), député de la Seine-Inférieure, 25, rue de Madrid, Paris (VIIIᵉ).

TISSIER (Albert), conseiller à la Cour de Cassation, 84, rue du Ranelagh, Paris (XVIᵉ).

TRUCHOT (Charles), ingénieur agricole, président de la Société d'Horticulture, 36, avenue Boucicaut, Chalon-sur-Saône (Saône-et-Loire).

U

UNGEMACH (Léon), 11, rue de Wissembourg, Strasbourg.

USINES MÉTALLURGIQUES DE MARQUISE, Rinxent (Pas-de-Calais).

V

VANCAUWENBERGHE (Georges), ancien président du Conseil général du Nord, Saint-Pol-sur-Mer (Nord).

VANDEN BOSCH (Jean), président du Cercle Horticole, 68, rue Carnot, Wattrelos (Nord).

VASSAL (Dʳ), maire de Charleville (Ardennes).

VIELLARD (Louis), secrétaire général du Comité des Jardins Potagers des Fortifications du XVIIIᵉ arrondissement, 118, rue de la Chapelle, Paris (XVIIIᵉ).

VILLERABEL (Mᵍʳ de la), archevêque de Rouen (Seine-Inférieure).

VILLE DE CHAUMONT (Haute-Marne).

VILLE D'EPINAL (Vosges).

VINCENT (Mˡˡᵉ Caroline), directrice des Jardins Ouvriers d'Arcueil, Ivry, Bicêtre et Châtillon, 26, rue Lhomond, Paris (Vᵉ).

VINCIENNE (Mᵐᵉ), vice-présidente de l'Œuvre des Jardins Ouvriers de Reims, 12, rue du Marc, Reims (Marne).

VOELCKEL, rue Saint-Grégoire, Munster (Haut-Rhin).

W

WACHET (Louis), commandant en retraite, Servon-Melzicourt (Marne).

WAHL (Edouard), trésorier de l'Œuvre des Jardins Ouvriers de la ville d'Elbeuf, hameau des Ecameaux, Elbeuf (Seine-Inférieure).

WALDECK-ROUSSEAU (Mᵐᵉ), 35, rue de l'Université, Paris (VIIᵉ).

Wallon (Gustave), négociant à Hazebrouck (Nord).

Wendel et Cie (Les petits-fils de François de), maîtres de Forges, Hayange (Moselle).

Wetterlé (M. l'abbé), député du Haut-Rhin, 28, quai de Passy, Paris (XVIe).

Weydmann, président de la Ligue des Catholiques d'Alsace, 27, rue des Juifs, Strasbourg.

Wiesnegg (M. l'abbé Eugène), chancelier de l'archevêché de Paris, 64, rue Gay-Lussac, Paris (Ve).

Wilmoth (Paul), vice-président de la Fédération S. M. de la Seine, 12, rue Roth, Sarreguemines (Moselle).

Winckler (Mme), Société alsacienne de Filature et de Tissage de jute, rue des Pharmaciens, Bischwiller (Bas-Rhin).

Wolter (A.), secrétaire du Comité des Jardins Potagers du XIXe Arrondissement, place Armand-Carrel, Paris (XIXe).

Worms et Cie, Ateliers et Chantiers de la Seine Maritime, Le Trait (Seine-Inférieure).

Z

Zeiller (Jacques), professeur à l'Ecole des Hautes-Etudes, 8, rue du Vieux-Colombier, Paris (VIe).

Ziegler (Louis), délégué de la Fédération des Jardins Ouvriers de Bâle, 65, Militärstrasse, Bâle (Suisse).

OUVERTURE DU CONGRÈS

Vendredi 21 septembre 1923

Visite aux Jardins Ouvriers de Strasbourg

La visite des Jardins Ouvriers de Strasbourg devait servir de préface au Congrès.

Répondant à l'invitation qui leur avait été faite, les congressistes étaient venus nombreux au rendez-vous, fixé à 2 heures, place Kléber.

De là, sous la conduite de M. le docteur Belin, vice-président de l'Œuvre Strasbourgeoise, et de M. Georges Hecker, administrateur, ils se rendent aux portes de la ville.

Dans de superbes jardins, luxuriants et fleuris, décorés de charmantes gloriettes, les familles sont réunies pour les accueillir. Des enfants offrent des bouquets, des paroles de bienvenues sont échangées.

C'est le premier sourire de Strasbourg.

PREMIÈRE SÉANCE

Les Jardins Ouvriers et les Anciens Combattants

Présidence de M. LE GÉNÉRAL GOURAUD,
Gouverneur militaire de Paris

Le Congrès s'ouvre à 4 heures, au Palais des Fêtes.

Autour de la vaste salle aux trois couleurs harmonieusement mariées et rehaussées de massifs de verdure, tableaux, photographies, plans et maquettes de Jardins Ouvriers forment un décor parlant.

Sur l'estrade prennent place, aux côtés du général Gouraud, qui préside, le général d'Armau de Pouydraguin, commandant le 20ᵉ corps, M. Alapetite, haut Commissaire de la République, Mᵍʳ Jost, vicaire général représentant l'Evêque de Strasbourg, M. Borromée, préfet du Bas-Rhin, M. Peirotes, maire de Strasbourg, M. le docteur Belin, vice-président de la Société des Jardins Ouvriers de la Ville, M. l'abbé Lemire, président de la Ligue du Coin de Terre et du Foyer, M. Georges-Picot, secrétaire général, M. Charles Droulers, vice-président, le lieutenant-colonel Ryckelynck, M. Goemaere, représentant la Ligue Belge du Coin de Terre.

M. le docteur Belin prend la parole pour souhaiter la bienvenue aux congressistes.

Allocution de M. le Dr Belin
Vice-Président de la Société des Jardins Ouvriers de Strasbourg.

MESDAMES, MESSIEURS,

Il y a trois ans, lors de votre dernier Congrès, le président de notre Société des Jardins Ouvriers, qui malheureusement est absent pour raison de maladie, vous a chaleureusement invités à tenir votre prochain Congrès à Strasbourg. Vous avez bien voulu accepter cette invitation ; nous vous en remercions de tout cœur.

Votre présence en si grand nombre dans notre vieille cité est un hommage à la terre d'Alsace qui, après une séparation d'un demi-siècle, a été reprise par sa mère patrie. Mais votre présence est aussi un hommage à Pasteur, dont nous fêtons le centenaire et qui a fait pénétrer les idées et les principes de l'hygiène dans les coins les plus reculés de la France et du monde entier. S'il est un domaine dans lequel l'hygiène joue un rôle, c'est bien celui des jardins ouvriers. L'Exposition Pasteur est bien en partie notre exposition à nous ; elle relève, comme rarement il est possible, la valeur de la vie au grand air, la valeur physique et morale de la petite propriété et du coin de terre.

Nos souhaits de bienvenue vont à vous tous, Mesdames et Messieurs. Mais nous saluons tout particulièrement le vénéré président de la Ligue Française du Coin de Terre et du Foyer, M. l'abbé LEMIRE. Vous n'êtes pas un étranger à Strasbourg, Monsieur l'Abbé. Depuis de longues années votre nom est connu parmi nous comme celui d'un homme courageux, persévérant, poursuivant avec amour et désintéressement des idées sociales très hautes, et cherchant à améliorer partout et dans toutes les circonstances le sort des petites gens et de la classe ouvrière. Nous admirons en vous cet altruisme qui ne craint rien et qui espère tout, et qui découle certainement d'un cœur profondément bon. Au nom de notre Société des Jardins Ouvriers, je me permets, Monsieur l'Abbé, de vous exprimer toute notre admiration et tout notre respect.

Je salue aussi parmi nous M. le général GOURAUD, qui nous fait l'honneur de présider la séance d'aujourd'hui. M. le général Gouraud est pour nous le symbole du courage, de la grandeur et du dévouement. Il est un de ces héros de France dont les faits resteront à tout jamais gravés dans les annales de l'histoire. Mais sa présence ici nous prouve qu'à côté des grandes questions politiques le travail paisible du petit jardinier ne le laisse pas indifférent ; il sait comme nous que la force de la France vient de la terre et de ceux qui la travaillent. Nous sommes profondément touchés de ce que M. le général Gouraud veuille bien nous consacrer quelques heures de son temps précieux et nous l'en remercions très vivement.

Mesdames, Messieurs, lorsqu'il s'est agi d'organiser à Strasbourg le Congrès des Jardins Ouvriers, les membres de notre Société ont répondu avec empressement à notre appel et nous ont apporté leur précieux concours. Ils auraient tous voulu vous faire les honneurs de leurs jardins. Mais, craignant de trop abuser de votre temps, nous nous sommes bornés à vous en montrer une partie seulement, qui représente à peu près un vingtième de l'ensemble. Notre programme comprend d'ailleurs dimanche une grande manifestation à laquelle à peu près tous les membres de la Société et leurs familles prendront part.

En parlant de notre Société, je ne puis m'empêcher de vous rappeler en quelques mots l'histoire des Jardins Ouvriers de Strasbourg, et la création de notre œuvre en particulier. Cette œuvre n'est pas très ancienne. Elle a été créée tout de suite après l'armistice, lorsque la Société d'Hygiène publique s'est dissoute.

Le premier qui, à Strasbourg, chercha à vulgariser l'idée du coin de terre, fut le regretté docteur Garcin. Nous garderons toujours un souvenir reconnaissant à cet excellent homme, à cet infatigable travailleur. Il est malheureusement mort bien tôt, après avoir créé les premiers petits jardins. Mais l'impulsion était donnée. La Société d'Hygiène publique prit sa succession. Elle entra en pourparlers avec la Ville et quelques particuliers, et elle obtint en 1911 un terrain suffisamment grand pour le partager en 250 petits lopins de 3 à 5 ares. Encouragée par ces succès, et par les demandes qui affluaient, la Société d'Hygiène continua ses démarches auprès des autorités municipales et arriva peu à peu à multiplier le nombre de ses jardins. Mais ce fut principalement pendant la guerre que le petit jardin devint vraiment populaire. La Ville n'hésita pas à mettre tout le terrain libre à la disposition de la Société. Les critiques, qui au début ne manquaient pas, ne se firent plus entendre. Le bon sens garda le dessus et le jardin ouvrier resta populaire, même après la guerre.

Bientôt, après l'armistice, la Société d'Hygiène s'étant dissoute, la Ville prit en mains la direction des jardins ouvriers, dont le nombre avait atteint 1400. Mais une question se posa : qui devrait à l'avenir défendre les intérêts du fermier vis-à-vis du propriétaire principal, qui était la Ville ? Jusqu'alors ce rôle avait été rempli par la Société d'Hygiène. Après sa disparition, aucun autre organe ne pouvait servir d'intermédiaire. C'est alors que les jardiniers se groupèrent entre eux et constituèrent la *Société des Jardins*

Ouvriers. Notre société ne comprend pas encore toutes les familles qui jouissent d'un petit jardin. Cependant, les avantages qui résultent du fait d'adhérer à la Société étant incontestables, le nombre des membres augmente d'année en année. Chaque groupe de jardins choisit un certain nombre « d'hommes de confiance », ordinairement un pour cinquante jardins. Ces hommes sont à la fois les conseillers des familles pour toutes les questions de culture et de plantation, et leurs représentants au comité de la Société, auquel ils transmettent les vœux de leurs protégés.

Je ne veux pas m'étendre sur *l'action morale* que les petits jardins exercent sur nos familles. Cependant, au risque de manquer de modestie, je dirai que tous nos jardiniers sont de braves gens, consciencieux, travailleurs, voulant toujours faire mieux, cherchant à se stimuler les uns les autres et s'entr'aidant là où le besoin se fait sentir. Femmes et enfants prennent part aux travaux, et le dimanche le jardin, est très souvent le but de la promenade. Le nombre des tonnelles va d'année en année en augmentant, en particulier sur les terrains qui ont pu être loués pour une période suffisamment longue.

L'état de santé de nos jardiniers est excellent. Ce sont leurs représentants au comité qui le disent ; et l'on peut les croire, car ils sont bien au courant de ce qui se passe autour d'eux. Comment du reste pourrait-il en être autrement ? L'heureuse influence des jardins sur la santé ne peut plus être contestée par personne. Il est très rare de trouver des tuberculeux parmi nos jardiniers. Et les quelques cas que nous connaissons concernent des personnes auxquelles nous avons nous-mêmes, dans nos dispensaires, conseillé de louer un jardin.

Permettez-moi de relater à ce propos un autre fait

très intéressant. Au sud de la ville, une cité ouvrière a été construite en 1909. La cité se trouve à la lisière de la forêt. Chaque famille a son jardin. Au début, le nombre de tuberculeux parmi les habitants était extrêmement grand, car la cité était principalement occupée par de petites gens qui avaient dû quitter le centre de la ville lors du grand percement, en 1920. Dans cette population d'environ 4000 âmes, la mortalité par suite de la tuberculose a diminué de 40 % en moins de dix années. Nul doute que nous ne devions cet heureux résultat à la vie au grand air.

Les *avantages matériels* enfin sont également très considérables. Voici quelques chiffres qui mettront en évidence le développement des coins de terre à Strasbourg et les bénéfices que les jardiniers en retirent. La grande majorité des jardins sont établis sur des terrains municipaux ; ils représentent une superficie de 121 hectares 70 ares. Ces terres sont partagées en 3155 petits jardins de 3 à 5 ares. En ajoutant à ces chiffres les 38 hectares de terrains privés partagés en 1250 jardins, nous arrivons à un ensemble de *159 hectares 70 ares* et *4405 jardins*. En 1912, nous n'avions encore que 160 jardins, d'une superficie totale de 5 hectares 23 ares. En 1912, les familles qui bénéficiaient de petits jardins comptaient 800 personnes ; en 1922, 22.025 personnes, c'est-à-dire un huitième de la population de Strasbourg. En 1912, le rendement des jardins s'élevait à la somme approximative de 22.000 francs ; en 1922, il atteignait celle de 2.704.000 francs.

En 1912, les jardiniers comprenaient 80 ouvriers, 51 petits employés, 11 commerçants et 18 pensionnés ; en 1922, ils comprennent 2897 ouvriers, 1099 petits employés, 95 commerçants, 40 instituteurs, 6 employés supérieurs et 286 pensionnés et invalides de guerre.

Ne sont-ce pas là des chiffres réjouissants ? Une grande part de cette évolution satisfaisante est due sans conteste à notre Société, dont la propagande est très vivante et qui ne laisse pas échapper la moindre occasion de proclamer très haut les grands avantages des petits jardins. Mais nous serions injustes en ne reconnaissant pas qu'une grande part aussi du succès revient à la Ville. Notre Maire et notre Conseil municipal n'ont jamais méconnu la grande importance matérielle et morale des jardins ouvriers et les heureux effets sanitaires de la vie en plein air. Et là où, pour des raisons majeures, quelques lopins ont dû être repris, la Ville a toujours donné une compensation aux intéressés par des terres de valeur égale. Il est de mon devoir de lui rendre cette justice aujourd'hui,

Mesdames, Messieurs, nous saluons votre Congrès avec enthousiasme, car nous prévoyons qu'il sera le point de départ d'une nouvelle ère de prospérité et de développement pour notre œuvre si éminemment sociale. Puissent vos délibérations nous apporter de nouvelles idées et de nouvelles lumières, et puissent ces lumières pénétrer dans toutes les classes de la société, éclairer les esprits et allumer en eux les feux ardents de l'énergie, de la persévérance, de la bonté, de l'amour du prochain, pour le bien de notre chère Alsace et de la France entière.

Après M. le Dr Belin, M. PEIROTES, maire de Strasbourg, salue les congressistes en ces termes :

Au nom de cette cité, je tiens à souhaiter aux congressistes la plus cordiale bienvenue.

J'adresse un salut spécial à M. l'abbé Lemire, dont l'inlassable activité dans le domaine social n'est ignorée de personne à Strasbourg, et qui a obtenu par cette Ligue du Coin de Terre et du Foyer, qu'il fondait il y a un quart de siècle, des résultats merveilleux au triple point de vue de l'hygiène, de la famille et de la société.

Je salue les éminents collaborateurs et conférenciers qui l'accompagnent, tous accourus ici pour travailler avec l'Alsace recouvrée à cette grande tâche de reconstituer pour notre patrie tant éprouvée une race virile et forte, œuvre éminemment nationale, dont l'importance ne peut échapper à personne.

Je souhaite aux délibérations de votre Congrès toute la fécondité que vous en attendez vous-mêmes.

Réponse de M. l'abbé Lemire

A l'issue de notre dernier Congrès, en novembre 1920, M. le docteur Burguburu, président de la Société des Jardins Ouvriers de Strasbourg, nous invitait à tenir nos prochaines assises dans cette ville.

Nous voici au rendez-vous, heureux jusqu'au fond du cœur d'ouvrir à Strasbourg notre sixième Congrès national.

Nous vous apportons la sympathie des 443 adhérents à ce Congrès et nous vous amenons des amis accourus de toutes les régions de France, désireux de suivre le grand mouvement qui entraîne ici cette année, à l'occasion du centenaire de Pasteur, tous les groupements, toutes les sociétés qui ont un but de science, d'hygiène, de charité, comme si la patrie toute entière, par le meilleur de son intelligence et de son cœur, voulait venir donner à Strasbourg le baiser de la tendresse nationale.

A ce rendez-vous du cœur, l'œuvre des Jardins Ouvriers ne pouvait manquer. N'est-elle pas faite de ces trois grandes choses : la terre, le travail, la famille, qui ont tenu l'Alsace attachée à la France même sous la domination étrangère ?

Nous ouvrons notre Congrès sous l'égide de Pasteur qui, tout jeune, fondait ici son foyer et créait ce laboratoire où, par un travail acharné, il cherchait à découvrir les secrets de la vie pour la sauvegarder. Sauvegarder la vie, n'est-ce pas le premier but de nos œuvres, qui mettent à la portée de tous ces biens essentiels : l'air, la lumière, l'alimentation saine, l'activité bienfaisante du corps et de l'esprit, en un mot ce qui fait la santé humaine ?

Nous entrons à Strasbourg avec vous, mon Général, dont la radieuse figure est si populaire en cette ville. Ne symbolise-t-elle pas toutes les gloires du soldat français, tête et cœur, les vastes conceptions lointaines, unies aux touchants stigmates des mutilations de la guerre ?

Avec vous, gouverneur militaire de Paris, c'est aussi notre capitale qui visite Strasbourg. Et nous n'oublions pas que si cette capitale s'entoure actuellement d'une ceinture de 7000 jardins, elles les doit pour la plupart à la bienveillance du Génie militaire, qui concède à notre Œuvre les espaces libres des fortifications et des forts. Vous êtes donc, mon Général, notre bienfaiteur d'hier et de demain.

A ces divers titres, nul ne pouvait être mieux qualifié pour dire à tous aujourd'hui ce que la terre de France doit être dans la paix pour ceux qui l'ont défendue et sauvée dans la guerre.

Allocution de M. le Général Gouraud

Quand M. l'abbé Lemire m'a fait l'honneur de m'appeler à présider cette séance, je vous avoue que j'ai éprouvé une certaine surprise. Je ne pensais pas que les petits jardins que j'ai pu faire cultiver par mes tirailleurs, autour des postes d'Afrique, ou même que les cultures auxquelles travaillaient en l'absence des paysans les poilus de la IVe armée pendant les accalmies de la bataille, m'autorisassent à prendre la parole dans une assemblée comme celle-ci.

Mais j'ai accepté, et pour répondre à l'appel d'un des députés les plus connus par sa sollicitude pour le peuple de France, et parce que je suis et serai toujours heureux de revenir à Strasbourg, et enfin, parce qu'il s'agissait des anciens combattants, de mes soldats d'hier, et qu'entre eux et moi il y a à jamais, jusqu'à notre mort, les liens sacrés qu'ont noué quatre ans de guerre, de fatigues, de dangers, le sang versé en commun, le souvenir de tant de bons camarades tombés, et la victoire.

Et puis, je suis convaincu que l'œuvre des Jardins Ouvriers est utile et bienfaisante ; j'ai trop vécu dehors, sous la tente et à la belle étoile, pendant mes longues années d'Afrique, pour ne pas savoir quel bienfait est pour l'homme la vie au grand air. Et quand je rentrais d'Afrique, j'ai plaint souvent les ouvriers et les employés enfermés toute la journée et rentrant le soir dans un logis étroit, sans un petit carré d'air libre pour respirer.

La guerre, d'ailleurs, a prouvé que la santé des hommes était meilleure dans les tranchées que dans les casernes.

Vous savez que je viens d'Amérique ; j'y ai vu les efforts faits par les municipalités et les Etats pour donner de l'air, pour assurer de petits jardins aux citadins, aux pauvres comme aux riches. Les villes américaines sont entourées d'une ceinture de petites maisons et de petits jardins. La famille de l'ouvrier et de l'employé peut vivre là dans de bonnes conditions d'hygiène et prospérer.

Enfin les soirées au jardin, le plaisir d'y respirer librement, éloigneront bien des hommes du marchand de vins, du débit ; autant le vin est bon et salutaire pour la plupart des gens pendant les repas, autant l'alcool, en dehors des repas, est nocif ; cela n'est plus contesté par personne.

Voilà pourquoi j'estime les Jardins Ouvriers une bonne œuvre, pourquoi je désire que les familles des anciens combattants en bénéficient, pourquoi je remercie M. l'abbé Lemire, député d'Hazebrouck, de m'avoir appelé à l'honneur de vous présider aujourd'hui.

Et maintenant je passe la parole à celui que vous avez hâte d'entendre, à M. Thoumyre, député de la Seine-Inférieure, ancien sous-secrétaire d'Etat au Ravitaillement, ancien combattant, dont la mutilation prouve que chez lui le courage et le dévouement égalent l'intelligence et le travail.

Avant l'ouverture des travaux du Congrès, M. l'abbé Lemire demande à se faire l'interprète des regrets de Mgr Ruch, absent de Strasbourg, qui a témoigné sa bienveillance en déléguant Mgr Jost, vicaire général, pour le remplacer, et de M. Beudant, doyen de la Faculté de Droit de Strasbourg, dont la place eût été particulièrement marquée au Congrès à titre d'ancien et fidèle ami de la Ligue du Coin de Terre.

Il donne un souvenir ému au R. P. Volpette, dont l'anniversaire doit être célébré ce même jour aux Jardins Ouvriers de Saint-Etienne, qu'il a fondés. Membre assidu des précédents Congrès, le Père Volpette fut l'un des grands initiateurs de l'œuvre des Jardins Ouvriers, sur qui demeure un rayonnement de son âme, toute de lumière et de bonté. Au seuil des travaux du Congrès, où pour la première fois sa place demeure vide, il est juste et bon d'évoquer sa mémoire.

Rapport de M. Robert Thoumyre
Député de la Seine-Inférieure
sur les Jardins Ouvriers
et les Anciens Combattants

Pendant et depuis la Grande Guerre, la France, par son Parlement dans des textes législatifs, et par sa population tout entière dans de nombreuses cérémonies, a exprimé en toutes occasions et a cherché à traduire par tous moyens sa reconnaissance et sa gratitude aux soldats qui composèrent les glorieuses légions de 1914-1918, aux artisans de la victoire, qui sauvèrent la France du double danger auquel la défaite l'aurait exposée ; le despotisme allemand et l'anarchie européenne.

Ces sentiments ont donné naissance, d'une part, à des mesures législatives déterminées en faveur des victimes civiles et militaires de la guerre, à des avantages spéciaux pour les pensionnés dans certaines lois d'ordre général, enfin à d'importantes propositions de lois dont les effets sont appelés à répondre aux désirs maintes fois exprimés par les anciens combattants, dans les assemblées générales ou les congrès de leurs associations.

D'autre part, un grand nombre d'organismes privés, associations ou sociétés populaires constituées pour le développement du progrès social, ont réservé aux anciens combattants, et plus généralement aux victimes de la guerre, une priorité dans la répartition de leurs bienfaits. Tel fut particulièrement et presque unanimement le principe suivi par les sociétés de

Jardins Ouvriers dans l'attribution des terrains à cultiver.

Mais il semble que la reconnaissance nationale à l'égard des anciens combattants ne sera jamais pleinement satisfaite tant que nous ne serons point parvenus, sous une forme quelconque et dans la mesure des ressources dont nous disposons, à offrir à chacun et jusqu'au plus modeste des anciens combattants quelque avantage matériel.

C'est à cette préoccupation que répondent plusieurs propositions de loi en instance devant les Chambres, notamment :

La proposition de loi tendant à assurer l'emploi obligatoire des mutilés de la guerre ;

Le projet de loi tendant à accorder aux fonctionnaires et aux candidats fonctionnaires mobilisés pendant la guerre certains avantages de carrière ;

La proposition de loi relative à l'application aux victimes de la guerre de la loi sur le crédit agricole ;

Les diverses propositions de loi sur la retraite du combattant.

C'est aux mêmes sentiments qu'ont obéi les organisateurs de ce Congrès dans l'heureuse idée qu'ils ont eue de réserver une séance spéciale à l'étude de la question : Les Jardins Ouvriers et les Anciens Combattants.

Sous la présidence et le haut patronage de notre camarade le général Gouraud, doublement glorieux par sa mutilation et par son rôle de chef toujours victorieux, certains de trouver en lui cet « esprit combattant » nécessaire pour la conception et l'approbation de nouvelles formules dignes des temps où nous vivons, nous prendrons l'occasion que nous offrent le présent Congrès et l'étude des jardins ouvriers pour étendre les limites de ce rapport à toutes les possibilités de retour à la terre offertes à l'ancien combattant, soit sous forme de jardin à cultiver ou de terrain pour construire, soit sous forme de terre de culture ou de concessions coloniales à exploiter.

En effet, parmi les avantages matériels susceptibles d'améliorer le sort des anciens combattants, et de leur exprimer en même temps, et avec efficacité, la reconnaissance de la Nation, est-il possible d'en trouver un supérieur à celui de l'attribution d'une parcelle de terre ?

Offrir au soldat vainqueur un coin de la terre qu'il a défendue et sauvée, donner à l'ancien soldat un morceau du sol français pour qu'il y vive en paix avec sa famille, pour qu'il y puisse, un jour ou l'autre, mourir chez lui, sur son bien : on ne saurait concevoir de mesure plus empreinte de justice, plus saine au point de vue moral, plus féconde au point de vue social et national.

L'ancien combattant n'a-t-il pas droit à un privilège spécial sur la terre qu'il a protégée, arrosée de son sang ?... Nous répondons : Oui, unanimement et incontestablement.

Cette idée étant admise, sous quelle forme peut-elle se traduire dans la réalité, en tenant compte de la profession de l'ancien combattant, de son goût et de ses aptitudes, en n'oubliant point que les uns habitent la ville, les autres la campagne ? La plupart voudront bénéficier des avantages offerts sans avoir à changer ni leur situation ni leur domicile ; certains accepteront de se déplacer, à condition de ne point quitter le territoire de la métropole ; quelques-uns préféreront peut-être, en échange d'un coin de terre plus vaste, prendre leur récompense dans notre immense empire colonial, plein de richesse et d'espérance.

La terre attribuée à l'ancien combattant le sera-t-elle

en pleine propriété ou en jouissance ? Les deux hypo-
thèses sont possibles. Posséder en propre et définitivement est le but à atteindre, mais les difficultés ren-
contrées dans la pratique pourront parfois faire pré-
férer l'attribution d'un terrain en jouissance. Ce sont
là des modalités qui peuvent toujours varier, pourvu
que le principe soit appliqué, c'est-à-dire : concession
à l'ancien combattant d'une certaine surface du sol
dans la métropole ou dans les colonies, soit en pleine
propriété, soit pour en jouir sa vie durant.

Et pour mieux marquer le lien qui unit le problème
des Jardins Ouvriers au grand principe d'attribution
de terre aux anciens combattants tel que nous venons
de l'exposer, il convient de rappeler, tout d'abord, ce
qui s'est fait jusqu'à ce jour en matière de Jardins
Ouvriers proprement dits au profit des anciens combattants, et ce qui peut être fait dans l'état actuel de
notre législation.

Les sociétés de Jardins Ouvriers actuellement existantes en France sont constituées le plus généralement
sous la forme d'associations déclarées conformément
aux principes de la loi du 1er juillet 1901 ; mais elles
peuvent aussi être créées sous le bénéfice de la loi du
5 décembre 1922 (*Journal Officiel* du 10 décembre
1922).

Dans la première hypothèse, celle de la loi de 1901,
les sociétés sont entièrement libres de louer, d'acheter
des terrains pour les céder ou les revendre à leurs
adhérents aux conditions qu'il leur plaira de déterminer, mais ces sociétés ne disposent que de capitaux
privés, qu'il est évidemment très facile de réunir en
petite quantité pour le soutien d'œuvres sociales de faible importance, mais qu'il est difficile de grouper en
plus grosses sommes pour arriver à faire de l'exploi-

tant du jardin un propriétaire, soit immédiatement, soit dans un certain avenir.

Ces sociétés ont coutume de louer des terrains non cultivés, ou de les recevoir dans des conditions de prix très réduites des mains d'un propriétaire philanthrope. Elles les lotissent, les clôturent s'il y a lieu, et les cèdent à leurs adhérents soit sous forme d'un bail, soit sous forme d'un simple règlement d'exploitation. Ces sociétés, ou plus exactement ces œuvres de Jardins Ouvriers, gérées par un conseil d'administration bénévole et non rétribué, ressemblent en fait à des coopératives établies entre les exploitants, mais fondées avec le concours et sous la direction de quelques personnalités s'intéressant aux questions sociales.

Dans ces sociétés locales de Jardins Ouvriers, où il n'est point rare de voir éclore les plus beaux sentiments que produit l'humanité, aussi bien parmi les bénéficiaires des jardins que parmi ceux qui les organisent, il était naturel qu'au lendemain de la guerre les exploitants et les dirigeants fussent unanimes à inscrire dans leurs statuts ou leurs règlements une priorité au profit des anciens combattants ou des veuves de guerre dans l'attribution des jardins disponibles, tout en réservant un classement secondaire proportionné au nombre des enfants.

Grâce à ces sociétés, dont vous jugerez mieux le nombre et les bienfaits par les différents rapports qui vous seront communiqués au cours de ce Congrès, un grand nombre d'anciens combattants ont pu, depuis la guerre et moyennant une très faible redevance, avoir ainsi la jouissance d'une parcelle de terre. Ce jardin, malheureusement, n'est guère jamais concédé qu'à titre précaire. L'exploitant peut sans doute, par son travail, en tirer un sérieux avantage immédiat. Mais le manque de sécurité dans l'avenir, inhérent à cette méthode, nous oblige à rechercher si nous n'avons point, dans notre législation, la possibilité de rendre plus durable l'attribution d'un jardin à son exploitant.

La loi du 5 décembre 1922 nous fournit le moyen de répondre affirmativement à cette première question, et avant de faire le rapide exposé de son texte, il est permis de regretter que les bienfaits de notre législation moderne soient si peu connus et qu'un si grand nombre de personnes s'attardent à proclamer la carence des pouvoirs publics alors qu'il n'est pas fait plus fréquemment usage des meilleures lois que vote le Parlement.

Cette loi du 5 décembre 1922 a codifié les lois antérieures sur les habitations à bon marché et la petite propriété. Elle s'applique aux sociétés de jardins ouvriers et de bains-douches, aussi bien qu'aux sociétés d'habitations à bon marché.

D'autres rapporteurs la commenteront sans doute dans ses détails. Celui qui s'intéresse plus spécialement à la question des jardins ouvriers peut, dans le dédale des 86 articles de la loi, trouver les jalons du chemin qu'il doit suivre en lisant les articles 4, 42 et 46. Aucun règlement d'administration publique nouveau n'a paru pour l'application de cette loi. L'administration et les tribunaux appuient leurs avis et leur jurisprudence sur les règlements d'administration qui ont suivi les nombreuses lois antérieures codifiées et abrogées par l'article 86 de la loi du 5 décembre 1922.

De ces textes il résulte que, sans rien modifier à la législation actuelle, des sociétés de Jardins Ouvriers peuvent être créées sous le contrôle de l'Etat, en empruntant des statuts-type approuvés par le ministère de l'Hygiène. Elles sont susceptibles d'obtenir des prêts de la Caisse des Dépôts et Consignations à 2,50 % d'intérêt jusqu'à 60 % du prix de revient des terrains achetés.

Elles ne bénéficient pas des subventions de l'Etat qui, prévues dans l'article 59 de ladite loi, sont réservées pour les sociétés d'habitations à bon marché, et seulement dans le cas de construction de maisons neuves pour familles nombreuses.

Mais, en vertu de l'article 46 de cette même loi, chaque exploitant de jardin peut, en vue de l'acquisition de son jardin, obtenir des sociétés de crédit immobilier un prêt individuel, à condition que le prix, y compris les frais, ne dépasse pas 1.200 francs.

Ces avantages, bien qu'ils soient incomplets en comparaison de ceux qui sont réclamés dans les conclusions de ce rapport, sont néanmoins déjà réels.

Les sociétés de Jardins Ouvriers n'ont pas fait appel, jusqu'à ce jour, aux bienfaits de ces dispositions législatives. Pour la plupart d'entre elles, l'ancienneté de leur constitution en est la cause, car, fondées suivant les principes de la loi de 1901, elles ne sauraient se conformer aux exigences de la loi de 1922 sans faire une œuvre complètement neuve.

Seules, de récentes sociétés pourraient aujourd'hui profiter de la loi de 1922. Les associations d'anciens combattants qui ont la chance de disposer de certaines ressources financières devraient se lancer hardiment vers la réalisation de ce progrès social. Mais on comprend que, jusqu'à ce jour, elles aient peu fait dans ce domaine. D'une part, leurs moyens financiers sont souvent très limités, ou bien sont déjà engagés dans le fonctionnement de caisses de secours mutuels ou dans la publication de bulletins et journaux. D'autre part, et nous le rappelions plus haut, la plupart des sociétés de Jardins Ouvriers qui avaient été créées avant-guerre ont obéi à un sentiment de reconnaissance très louable et dont il faut les·féliciter, en attribuant, depuis la guerre, les jardins disponibles de préférence aux anciens combattants et aux pères de famille. Cette mesure bienfaisante rendait inutile la création de sociétés spéciales de Jardins Ouvriers par les associations d'anciens combattants.

Si nous n'avions point l'intention d'étendre ce rapport au delà des limites indiquées par son titre, nous serions tentés de conclure dès maintenant et de dire qu'en fait les anciens combattants ont obtenu des Sociétés de Jardins Ouvriers telles qu'elles sont constituées le maximum d'avantages qu'ils pouvaient en attendre.

Ces sociétés, en effet, étaient conçues à leur origine pour faciliter à l'ouvrier l'entretien de sa famille, par la culture des légumes, pendant ses heures de loisir. Elles avaient pour but également, en lui donnant une occupation saine, de le détourner du cabaret ou d'autres lieux où il risquait de perdre son temps, son argent et sa raison.

En étudiant la question des Jardins Ouvriers pour les anciens combattants, notre but est plus lointain. Nous cherchons, en supplément des avantages matériels de la production du jardin et de l'occupation des loisirs de l'exploitant, à procurer à celui-ci une terre, une propriété dont les conditions d'acquisition puissent être considérées par l'intéressé comme la récompense des misères et des souffrances qu'il a supportées au cours de la Grande Guerre. Et normalement, cette idée nous amène à étudier le problème de concession du coin de terre à l'ancien combattant.

Si celui-ci habite la ville, nous rechercherons pour lui des terrains qui puissent lui être affectés, cédés ou vendus, afin qu'il fasse, à son gré, un jardin légumier, s'il a déjà une habitation, et, à défaut d'habitation dans la ville, qu'il puisse sur ce terrain, au milieu du jardin, construire, tôt ou tard, une demeure pour lui et pour sa famille.

S'il habite la campagne, et s'il est par conséquent soit un fermier, soit un ouvrier agricole, nous rechercherons pour lui des terres, de préférence dans la commune où il réside, et, à défaut, dans d'autres communes de France ou des colonies. Ces terres lui seraient concédées en pleine propriété ou en jouissance, suivant certaines modalités et sous la condition expresse qu'il les cultive.

Dans l'un et l'autre cas, qu'il s'agisse d'un habitant de la ville ou d'un habitant de la campagne, tout ancien combattant ayant accompli un certain nombre d'années de front, aurait le choix entre une parcelle de terre plus ou moins grande sans doute, mais dont la dimension correspondrait le plus parfaitement à ses besoins et à ses aptitudes personnelles.

Sans doute, dès l'énoncé d'un semblable projet, se posent deux grosses objections : le nombre d'anciens combattants à satisfaire et l'immensité des terrains qui seraient éventuellement nécessaires.

La guerre de 1914-1918 fut une guerre de défense et non point de conquête. Nous n'avons point agrandi le sol français, et il ne peut être question de concéder aux anciens combattants des territoires nouvellement tombés dans le domaine de l'État, tels que le faisaient jadis les Romains au fur et à mesure où leurs légions augmentaient les limites de l'Empire.

Nous n'avons point la ressource des populations baltes, qui, au lendemain de la guerre, après avoir confisqué les domaines des barons baltes, morcelèrent des territoires immenses en fermes de 50 hectares, au profit des anciens combattants qui acceptaient de s'établir dans la culture.

Nous n'avons point, comme la Yougoslavie, trouvé dans les grands domaines des Magyars hongrois situés en Croatie de magnifiques terrains de culture qu'il est aisé de morceler entre leurs anciens combattants.

Est-ce à dire que nous devions renoncer à la réalisation de cette grande idée de retour à la terre jointe à celle de gratitude envers l'ancien combattant ?

La France est-elle si riche qu'elle ne possède plus aucun terrain libre et inculte ? La France est-elle si pauvre qu'elle ne puisse récompenser largement et noblement ceux qui l'ont défendue et sauvée ?

Nous estimons que la France est assez riche pour s'acquitter de sa dette et possède assez de terrains mal cultivés pour donner satisfaction à notre demande.

Nous entendons fréquemment parler de villages qui se dépeuplent, de campagnes que leur population abandonne, de terrains qui ne sont plus cultivés faute de main-d'œuvre. Des enquêtes sont commencées, des recensements ont été faits par le ministère de l'Agriculture et, suivant les résultats obtenus, les pouvoirs publics ont favorisé l'installation dans ces pays particulièrement abandonnés de nombreuses familles polonaises ou italiennes. A l'établissement de ces familles étrangères, ne pourrait-on pas substituer aujourd'hui une priorité bien juste et bien légitime en faveur des anciens combattants qui accepteraient de remettre en état de bonne culture ces terrains, qui ont déjà été cultivés, et qui peuvent encore enrichir la France ?

Nous possédons également dans la métropole d'autres possibilités. Ce sont d'abord, dans bien des villages, d'immenses terrains communaux dont il serait intéressant de faire le relevé. Beaucoup d'entre eux

servent de pâture banale au profit de petits propriétaires qui en ont peu ou point besoin. D'autres sont
affermés pour des sommes parfois dérisoires. Certains
sont quasi abandonnés et recouverts de buissons ou
de bois-taillis qui pourraient être défrichés et dont le
sol serait avantageusement mis en valeur.

L'exemple des résultats obtenus par Mme Lemasson,
en pleine guerre, dès 1916, à Saint-Ouen, prouve
péremptoirement les diverses possibilités qui se présentent d'avoir des terrains et l'intérêt qu'y trouve
l'ancien combattant.

Cette première réalisation pratique, entièrement
d'initiative privée, fait vivement honneur à Mme Lemasson. Le compte rendu en fut donné dans le *Bulletin
du Coin de Terre et du Foyer* de juillet-août 1923.

N'avons-nous point aussi, dans certaines régions, le
long des fleuves, des terrains d'alluvion qui ont grossi
énormément les territoires de certaines communes,
sans cause et sans profit ? Ne serait-ce point l'occasion
de les morceler, de les distribuer et de les faire exploiter ?

N'avons-nous point sur les côtes des relais de mer
à l'embouchure de certaines rivières ? Ce sont là des
terrains qui relèvent du domaine public de la France,
dont la propriété est parfois plus ou moins contestée
entre deux départements et qui pourraient être mis
à la disposition de l'Etat.

Enfin, la France a hérité, au cours de son grand
passé historique, d'un domaine national dont l'inven-
taire a bien souvent été réclamé, mais jamais établi.
L'Etat possède non seulement des moyens de communication, des meubles, des constructions, mais encore
une surface considérable d'immeubles sous forme de
terre et de bois.

Est-il bien nécessaire de conserver indéfiniment

entre les mains de l'Etat des quantités de parcelles de terrain qui sont parfois complètement incultes ou qui, même à l'état de bois ou forêts, n'apportent au pays qu'un revenu bien inférieur à celui qui serait produit par un ancien combattant auquel il serait concédé ?

Notre suggestion est d'autant plus opportune que le gouvernement français, en exécution de l'article 22 de la loi du 22 décembre 1873, a pris, par les décrets du 1er février 1922 et du 20 septembre 1923, diverses mesures tendant à effectuer la mise à jour du tableau général des propriétés de l'Etat et à en examiner le bon emploi par des commissions départementales.

Il serait à souhaiter que le gouvernement français, poursuivant cette œuvre utile pour le pays tout entier, prît des mesures analogues à celles dont le gouvernement belge a fait bénéficier la Ligue nationale du Coin de Terre et du Foyer, à l'occasion du 25e anniversaire de la fondation de cette association.

Le ministre des Finances de Belgique adressait à cet effet, dans le courant de l'année 1922, à tous les directeurs de l'Enregistrement et des Domaines placés sous ses ordres, des instructions tendant à concéder à la Ligue du Coin de Terre, dans la mesure du possible, la location des terrains dont l'Administration des Domaines dispose et qui conviennent à une exploitation maraîchère par lotissement. Pour faciliter l'exécution de ces instructions, le ministre signalait qu'il y avait lieu de se départir, en faveur de l'association précitée, du principe de la location publique.

Nous souhaitons vivement qu'une mesure analogue soit prise par le gouvernement français au profit des Sociétés de Jardins Ouvriers de notre pays.

Telles sont, à notre avis, les ressources que possède la métropole pour prélever dans le domaine public une partie des terres qui seraient nécessaires pour la répartition que nous envisageons. Mais, si les besoins étaient encore plus grands, nous n'hésiterions pas à demander que l'Etat soit autorisé, par voie d'expropriation, en sauvegardant les intérêts très légitimes des propriétaires actuels, à racheter des terres, dans les campagnes et dans les villes, pour les rétrocéder aux sociétés de Jardins Ouvriers, terres que les possesseurs actuels laissent en friche, soit que leur incapacité les empêche de les mettre en valeur, soit qu'ils attendent une augmentation du prix du terrain compensant largement le produit que le sol aurait pu leur fournir.

Ce mécanisme de l'expropriation pourrait, en particulier, fonctionner utilement aux alentours des villes. Les propriétaires qui conservent des terrains presque incultes dans l'attente d'une spéculation heureuse et inévitable due à l'agrandissement des villes modernes, vous paraîtront sans doute beaucoup moins dignes d'intérêt que les anciens combattants au profit desquels nous voudrions voir morceler ces terrains pour qu'ils puissent, soit y cultiver des légumes, soit y construire une habitation pour leur famille.

Enfin nous possédons un immense empire colonial dont certaines parties sont à proximité de la France. L'exploitation de ce domaine est déjà assez ancienne pour qu'on puisse en apprécier toute la richesse et tout l'avenir. Il ne peut être question pour la France, dont le chiffre de la population n'augmente point autant que dans d'autres pays, d'envoyer dans ses colonies un nombre considérable de nos compatriotes. Nous avons d'ailleurs la bonne fortune de posséder des colonies qui, pour la plupart, ont une population indigène assez importante, susceptible de fournir une main-d'œuvre excellente pour l'exploitation du sol.

Qui sera donc susceptible de mieux posséder les qualités nécessaires à la mise en valeur d'un domaine, c'est-à-dire : méthode, organisation. habitude du commandement, que l'ancien combattant, cet homme endurci aux épreuves, qui comprend la responsabilité du devoir, la nécessité du travail, dont l'initiative s'est forgée dans les plus tragiques circonstances, et qui sait jusqu'où peut aller la force de résistance humaine, physique et morale ?

Aux plus vaillants de nos soldats, à ceux qui, après avoir supporté les épreuves de la guerre, accepteraient aujourd'hui de franchir les mers et d'assurer l'exploitation d'un domaine, dans nos colonies, nous devons pouvoir donner satisfaction. Aussi rendons-nous hommage aux autorités chargées du protectorat français du Maroc qui, sous la haute direction du maréchal Lyautey, réservent chaque année aux mutilés, et à défaut, aux anciens combattants, le quart des domaines concédés pour la colonisation.

Ce Congrès porterait des fruits utiles s'il pouvait généraliser le problème et faire ouvrir une large enquête auprès des gouverneurs de nos colonies et de nos protectorats, afin de rechercher dans quelles conditions des terrains de culture pourraient être mis à la disposition d'anciens combattants.

N'est-ce point le moment de rappeler qu'en cette matière d'autres pays nous ont précédés depuis de longues années ? Dès 1915, un mouvement se dessinait en Angleterre en vue de récompenser l'ancien combattant dès son retour de la guerre. Dans ce but, une mission d'enquête fut envoyée dans les Dominions, en février 1916, sous la haute direction de sir Rider Haggard, pour le compte du Royal Colonial Institute. Son rapport, déposé le 7 août 1916, annonçait l'appui qu'étaient prêts à donner à la métropole les gouvernements du Canada, de l'Australie et de la Nouvelle-

Zélande. En avril 1917, le Canada adoptait la loi dite de l' « établissement des soldats sur la terre », accordant à tout ancien militaire qui en faisait la demande une concession gratuite de terre de 65 hectares et une avance d'argent de 12.500 francs, dans des conditions extrêmement avantageuses.

De même en Australie, par application des « Discharged Soldiers' Settlement Acts » de 1917 et de 1918, et en vertu de lois établies dès 1915, le « Closer Settlement Act » et le « Land Act », ayant pour but de rendre des terres disponibles pour les soldats démobilisés, satisfaction put être donnée aux anciens combattants qui avaient fait connaître leur désir, au retour du front, de se fixer dans une exploitation agricole.

Le domaine colonial de la France, aussi bien que le domaine colonial anglais, offre, lui aussi, certainement des possibilités de concession de terre, bien qu'il importe de distinguer entre les territoires libres dans les Dominions britanniques et les terrains agricoles de l'Afrique du Nord, qui sont, pour la plupart, soit un bien individuel, soit une propriété collective appartenant à une famille, une tribu ou un village. Il y aurait donc lieu de prendre certaines mesures légales pour que la concession de terres aux anciens combattants pût se pratiquer régulièrement et sans vexation des populations indigènes.

Si l'attention tout entière du pays fut, chez nous, occupée depuis la guerre par d'autres questions, c'est que nous avions le souci de relever nos régions dévastées et de liquider les millions de dossiers de pensions dont l'urgence s'imposait. Mais, après plusieurs années d'efforts, constatant la bonne marche des reconstructions dans nos départements envahis, constatant également que la liquidation des pensions est presque terminée, nous estimons l'heure venue de prendre en mains le problème de la récompense à donner à l'ensemble des soldats victorieux, et nous souhaitons que les héros militaires de la Grande Guerre deviennent, tôt ou tard, les héros pacifiques de la conquête économique de notre vaste et magnifique domaine colonial agricole.

Quel que soit le but recherché dans la concession d'une parcelle de terre à un ancien combattant : culture d'un simple jardin potager, terrain pour construire une habitation, domaine agricole à mettre en valeur, concession agricole dans les colonies, nous avons exposé non seulement l'utilité nationale qu'il y aurait à réaliser un semblable projet, mais nous croyons aussi avoir démontré où et comment les terrains nécessaires pourraient être découverts.

Il nous reste maintenant à compléter l'étude du retour à la terre de l'ancien combattant sous un aspect secondaire, mais non moins important. Il ne suffirait point de trouver des terrains et de les concéder soit en pleine propriété, soit en jouissance, il faut encore que les mesures prises soient telles que l'ancien combattant pût en tirer avantage pour lui-même et pour sa famille.

S'il s'agit d'un ancien combattant habitant la ville, nous répondrons le plus souvent à son désir par l'attribution d'un jardin. Ce jardin lui servira, soit à entretenir sa famille par la culture des légumes, soit à construire, tôt ou tard, une maison et, s'il se contente de la culture proprement dite du jardin, il lui suffira peut-être d'en avoir la jouissance pendant sa vie durant.

Dans l'hypothèse où l'ancien combattant est appelé à construire une maison sur son terrain, il faudra par contre qu'il en obtienne, tôt ou tard, la propriété. Dès qu'il sera propriétaire du terrain, il pourra facilement, par le jeu de la loi du 5 décembre 1922, obtenir d'une société de crédit immobilier les quatre cinquièmes de la valeur de sa maison. Parfois, uné caisse auxiliaire de crédit immobilier lui avancera la moitié du dernier cinquième, ou bien alors, profitant d'avantages récents, pour le cas où il serait pensionné de guerre, il pourra faire appel à l'Office national des Mutilés. Cet Office national vient, en effet, tout récemment, dans une circulaire du 5 juillet 1923, de décider d'accorder au pensionné de guerre des avances dans la proportion du dixième ou du huitième dè la valeur de l'immeuble, suivant le nombre des enfants à sa charge.

De même, l'Office national des Mutilés, pour faciliter à un pensionné la construction ou l'acquisition d'une habitation à bon marché, peut aujourd'hui lui prêter une première somme de 5.000 francs au taux réduit de 1 % d'intérêt.

Ces avantages qui, jusqu'à ce jour, sont réservés aux pensionnés de guerre, doivent également être étendus à tous les anciens combattants.

C'est dans ce but que nous souhaitons la création d'un Office national du Combattant qui, constitué sur les mêmes bases que l'Office national des Mutilés, et au besoin fusionnant avec lui, rendrait à tous les anciens combattants des services analogues à ceux que l'Office national des Mutilés réserve aux seuls pensionnés, veuves de guerre et orphelins.

La législation française offre encore d'autres avantages pour les anciens combattants, pensionnés de guerre, qui reviennent à la terre. C'est le moment d'examiner le cas de celui qui, habitant la campagne, dispose d'une parcelle de terre à cultiver. Pour lui, la loi du 5 août 1920, par le canal et sous le contrôle de l'Office national des Mutilés, met à sa disposition un prêt qui peut aller jusqu'à 40.000 francs, au taux réduit de 1 % d'intérêt, plus certaines bonifications proportionnées au nombre des enfants. Ces emprunts sont faits par l'intéressé aux caisses de crédit agricole ou aux sociétés de crédit immobilier ; ils servent à l'acquisition, à l'aménagement, à la reconstitution des petites exploitations agricoles. Ce sont là des prêts individuels, hypothécaires, à longs termes.

L'Office national des Mutilés peut encore lui faciliter un prêt à moyens termes pour l'aménagement ou la reconstitution d'une propriété avec un maximum de 10.000 francs au taux de 6 %, remboursable en dix ans. Ce même ancien combattant pensionné peut encore obtenir des prêts à courts termes pour toutes opérations agricoles, remboursables en moins d'une année, s'élevant à 2.000 ou 3.000 francs, au taux d'intérêt de 6 %.

Enfin, dans certains cas, pour achat d'outillage ou pour paiement des frais de prêts hypothécaires à longs termes, l'Office national des Mutilés met à la disposition du pensionné des prêts d'honneur de 2.000 francs maximum, au taux de 1 %.

Ces différents avantages ne sont point négligeables. Mais il serait nécessaire d'étendre, par la création d'un Office national du Combattant, les bienfaits de cette législation à tout ancien soldat désirant louer ou acheter un jardin ouvrier ou un coin de terre de culture en France ou dans les colonies.

Telles sont les grandes lignes du problème de la concession de terres aux anciens combattants, problème qui ne saurait être séparé des moyens financiers à mettre à leur disposition pour tirer de ces terres tout le rendement que nous en escomptons.

Ajoutons que les diverses mesures envisagées pour exprimer la reconnaissance de la Nation se confondent dans une même idée de l'attribution, au profit de l'ancien combattant, d'un avantage matériel quel qu'il soit.

Il est permis d'entrevoir le jour où le Parlement, après avoir admis successivement le triple principe de la pension aux victimes de la guerre, de la retraite à l'ancien combattant âgé de cinquante ans et de la cession de terre aux soldats de la Grande Guerre, autorisera le pensionné ou le retraité à convertir sur sa demande tout ou partie de sa créance sur l'Etat en un coin de terre incessible et insaisissable, susceptible d'être utilisé comme jardin, comme terrain pour construire ou comme terre à cultiver.

Ainsi, par des mesures successives et en plein accord avec l'intéressé, se réaliserait progressivement le rachat des rentes et pensions de guerre.

Au terme de ce rapport, nous paraissons être très loin de la question des Jardins Ouvriers eux-mêmes, et pourtant c'est par une association d'idées et de sentiments bien naturels que toutes ces questions se trouvent liées.

En réalité d'ailleurs, dans ces cessions de terre aux anciens combattants, il est certain que le Jardin Ouvrier jouerait un rôle primordial et, s'il était possible de doter tous nos anciens combattants des villes et des campagnes d'un petit terrain pour qu'ils puissent y cultiver des légumes et éventuellement y construire une maison, il y aurait déjà lieu de se féliciter du résultat obtenu.

En conséquence, nous soumettons à l'approbation des membres de ce Congrès les conclusions suivantes, qui se résument en plusieurs vœux :

1° Demandant que les sociétés de Jardins Ouvriers actuellement existantes, et qui ont bien voulu, jusqu'à ce jour, réserver une priorité d'attribution en faveur des anciens combattants, en soient remerciées et félicitées, mais qu'elles soient en même temps invitées à rechercher dans l'avenir à faciliter aux anciens combattants l'achat de jardins sur lesquels ils seraient susceptibles de construire éventuellement une maison avec le concours des sociétés de Crédit immobilier et de l'Office national des Mutilés, concours qui devra être facilité par des modifications nécessaires aux lois et aux règlements.

2° Demandant que, dans le but de consacrer et d'encourager le principe de retour à la terre, une proposition de résolution soit déposée au Parlement invitant le gouvernement à organiser une vaste enquête dans la métropole et dans les colonies, afin de rechercher les terres susceptibles d'être cultivées, morcelées et réparties entre petits propriétaires, étant entendu que ces parcelles de terrains seront réservées, de préférence, aux anciens combattants qui en feront la demande.

3° Demandant que la pension des invalides et des veuves de guerre, ainsi que la rente éventuellement accordée aux anciens combattants à l'âge de cinquante ans, puissent être converties en tout ou en partie en un coin de terre incessible et insaisissable, susceptible d'être utilisé comme jardin, comme terrain pour construire ou comme terre à cultiver.

4° Demandant que l'Office national des Mutilés, après avoir été félicité des mesures prises dans sa circulaire du 5 juillet 1923 en vue de faciliter aux pensionnés de guerre l'achat d'une maison, soit invité à prendre des dispositions analogues en faveur des invalides de guerre, veuves et pupilles de la Nation désireux de faire l'acquisition d'un jardin.

5° Demandant que la pension ou partie de la pension versée annuellement au mutilé de guerre ou à la veuve de guerre puisse être, sur la demande de l'intéressé, convertie en l'attribution immédiate d'un terrain appartenant à l'Etat, soit dans la métropole, soit aux colonies, terrain donné en toute propriété incessible et insaisissable.

6° Demandant que la limite de la valeur des champs et jardins pour l'acquisition desquels les sociétés de crédit imobilier peuvent consentir des prêts, en vertu de l'article 46 de la loi du 5 décembre 1922, soit élevée au montant du quart du maximum légal que peut atteindre, dans la commune où sont situés ces champs et jardins, le prix de revient d'une habitation à bon marché.

7° Demandant que les Associations d'anciens combattants, ainsi que les différentes sociétés de Croix-Rouge qui veulent continuer à apporter au pays pendant la paix un concours analogue à celui qu'elles lui ont donné pendant la guerre, s'appliquent à développer les œuvres de Jardins Ouvriers.

En terminant la lecture de son Rapport, M. Thoumyre s'excuse de s'être laissé entraîner à déborder le sujet qu'il devait primitivement traiter. « Mais un Congrès n'est-il pas fait pour émettre des idées neuves, fussent-elles un peu hardies, et pour élargir l'action primitive ? N'est-ce pas rendre hommage à l'œuvre qu'accomplit depuis vingt-cinq ans l'abbé Lemire en faveur de l'ouvrier que de rêver qu'elle ait son couronnement dans la propriété du coin de terre aux anciens combattants? »

En leur nom, M. Thoumyre remercie M. Lemire d'avoir mis cette préoccupation au premier rang des travaux du Congrès, et M. le général Gouraud « de ne pas dédaigner, lui qui a acquis à notre pays de vastes territoires et qui lui en a conservé ou rendu de plus précieux encore, d'attacher aujourd'hui son regard sur cette toute petite parcelle de terre française qu'est le jardin ouvrier, — touchante preuve de ses hautes préoccupations sociales. »

DISCUSSION

Les vœux qui forment la conclusion du rapport de M. Thoumyre sont proposés à l'examen des congressistes.

Au cours de la discussion qui s'engage, trois points retiennent principalement l'attention.

Tout d'abord la place faite aux anciens combattants dans la plupart des œuvres de Jardins Ouvriers :

M. PHILIPPE. — A Versailles, nous tenons compte de la qualité d'ancien combattant pour l'attribution des jardins. Nous n'en donnons qu'aux pères de trois enfants : c'est le droit familial. Mais à ceux-ci nous posons toujours la question : « Avez-vous fait la guerre ? êtes-vous mutilé ? » Et la préférence est donnée d'après la réponse.

M. MARQUE. — Nous faisons de même à Ivry.

M. AIGUIER. — A Marseille, l'attribution des jardins se fait d'après une règle fixe : nous n'admettons que les familles qui comptent au moins trois enfants, et la préférence est donnée strictement d'après le nombre des enfants. Mais, depuis la guerre, nous demandons, en outre la situation militaire des postulants, et nous considérons services et blessures comme équivalant à une majoration du nombre d'enfants et donnant droit par conséquent à même préférence. Un père de famille qui a perdu un fils à la guerre bénéficie également d'une majoration.

Nous avons attribué aussi des jardins aux veuves de guerre, sans grands résultats, il faut le reconnaître.

Nous en accordons, d'autre part, à tout mutilé qui en fait la demande. Le rendement, sous le rapport de la culture, est médiocre, assurément. N'importe ! Nous continuerons. Nous n'aurions pas le cœur de refuser à ces braves gens cette satisfaction.

M. L'ABBÉ LEMIRE. — Les rapports écrits qui nous ont été adressés nous ont permis de constater que des coutumes plus ou moins analogues se sont établies dans un très grand nombre d'œuvres depuis la guerre. Le Congrès ne manquera pas de les en féliciter et d'émettre le vœu que ces coutumes se généralisent. Mais notre Rapporteur signalait tout à l'heure l'existence d'œuvres spéciales créées en faveur des anciens combattants. Nous serions reconnaissants à Mme Lemasson, qui a fondé l'une des plus remarquables, de donner elle-même au Congrès quelques détails touchant cette initiative.

Exposé de Mme Lemasson
Présidente de l'Œuvre des Jardins des Anciens combattants, à Saint-Ouen.

En 1916, étant présidente du Comité de la Société de Secours aux blessés militaires et déléguée de l'Œuvre du Réformé n° 2 dans le XVIIIe arrondissement, et me rappelant les excellents résultats obtenus par un petit groupe de Jardins Ouvriers que j'avais organisé précédemment à Saint-Ouen, j'eus la pensée de créer également des jardins pour nos ouvrières des ouvroirs de Croix-Rouge, et surtout pour nos pauvres réformés n° 2, qui revenaient du front malades, épuisés, découragés et qu'il fallait à tout prix remonter. Le difficile était d'avoir un terrain. Le seul qui nous fut offert, à 500 mètres de la porte de Clignancourt, n'était qu'un champ dévasté par de récentes manœuvres d'artillerie, un amas d'ordures où les boîtes de conserve voisinaient avec les chiffons et les pierres...

Au printemps 1916, quelques réformés gagnés à notre pensée, quelques ouvrières, M. Thureau, qui me seconda dans toute cette organisation avec un dévouement inlassable, Mme de Rouville et moi, nous nous mîmes à déblayer de nos mains (il fallait prêcher d'exemple !) toutes ces immondices. Quelques semaines plus tard, un tracteur automobile nous fut gracieusement prêté pour labourer notre champ enfin nettoyé. Le tout dessiné, préparé, clôturé, ouvrières et réformés se mirent à cultiver sous l'œil vigilant de M. Thureau, qui présidait à tout avec une merveilleuse compétence, avec un inlassable dévouement. Dieu sait ce qu'il lui fallut de patience et tout à la fois d'ardeur pour entraîner à la culture ces femmes privées de soutien, épuisées d'angoisses, ces hommes qui revenaient du front découragés parce que tout sombrait pour eux avec leur santé ruinée ! Le bon air des jardins en a sauvé quelques-uns ; c'est la gloire de notre œuvre. Ah ! le beau jour que celui où apparurent les premiers légumes, les premières fleurs ! Très vite, chacun construisit son abri, sa petite cagna de planches, de carton bitumé, de treillage orné de plantes grimpantes ; et l'on reprit courage, et l'on fut heureux...

Allée de la Marne ! Allée de Verdun ! Allée de la Somme ! Allée de l'Yser !... Je crois que la Croix-Rouge n'a pas seulement donné là du bonheur, mais qu'elle a aussi répandu dans ces parages, peu sympathiques au début de la guerre, un réel ferment de patriotisme. A l'heure actuelle, tous les environs saluent et aiment nos anciens combattants.

L'an dernier, un nouveau petit groupe (trop petit, hélas ! faute de place) a été fondé, spécialement réservé, celui-là, aux légionnaires : Légion d'honneur, Croix de guerre, Médaille militaire..., il y a là vingt-quatre petits clos qui tout de suite ont trouvé preneurs.

L'ensemble de notre Œuvre compte aujourd'hui 167 jardins, d'une superficie d'environ 150 mètres. Ces jardins ne sont pas loués aux anciens combattants, ils leur sont prêtés. Il ne leur est demandé qu'une cotisation annuelle de 15 francs, destinée à couvrir les frais d'installation et de consommation d'eau.

Nous n'avons qu'un regret, c'est que la difficulté de trouver du terrain ne permette pas un développement plus grand de notre Œuvre.

M. l'Abbé Lemire. — Nous vous remercions, Madame, et nous souhaitons vivement que votre exemple soit imité par toutes les sections de la Croix-Rouge. Elles cherchent un emploi dans le temps de paix pour leur activité bienfaisante ; elles n'en sauraient trouver de meilleur que l'assistance aux anciens combattants sous cette forme spéciale du jardin. Je propose au Congrès d'émettre un vœu en ce sens.

M. Duchocq (de Lille). — Si l'ancien combattant ne se contente pas de la jouissance et qu'il aspire à la propriété du jardin, il ne faut pas oublier que la législation actuelle, et notamment la loi du 5 décembre 1922, lui offre de nombreuses facilités. En s'adressant à la Société de Crédit Immobilier de son arrondissement, il peut obtenir un prêt des quatre cinquièmes de la valeur d'achat ; s'il est en mesure de bénéficier aussi du concours de l'Office national des Mutilés, le prêt peut atteindre aux neuf dixièmes. La difficulté, c'est de trouver du terrain à des conditions raisonnables. C'est ici que l'initiative privée peut intervenir utilement en constituant des associations qui achètent en bloc un vaste terrain et qui le cèdent en petits lots au prix coûtant. A Lille, deux sociétés viennent de se constituer dans ce but : elles procurent ainsi aux ouvriers, à raison de 6 ou 7 francs le mètre, un terrain qu'ils auraient dû payer, s'ils l'avaient acheté directement, à raison de 20 ou 25 francs.

A ce propos, je voudrais signaler à l'attention du Congrès une anomalie qui résulte de la loi : pour obtenir un prêt lorsqu'on achète un terrain pour y construire une maison; la valeur du terrain peut représenter à elle seule le quart de la dépense totale. Mais, s'il s'agit simplement d'acheter un terrain sans prévision de construction, la valeur d'achat ne doit pas dépasser 1200 francs, ce qui est, dans la banlieue des grandes villes, une somme presque dérisoire.

M. L'ABBÉ LEMIRE. — Nous retenons cette observation. Elle pourra faire la matière d'un vœu à soumettre aux délibérations du Congrès dans la séance que nous allons consacrer à l'étude de la législation qui concerne les Jardins Ouvriers.

M. DEWAVRIN (de Tourcoing). — Il ne faudrait pas croire qu'il soit toujours facile à un mutilé d'obtenir un prêt du Crédit Immobilier. Pour le lui consentir, la Société exige qu'il contracte une assurance sur la vie. Or, cette assurance lui est souvent refusée, du fait même de son infirmité. Je sais bien qu'en ce cas elle peut être contractée par sa femme. Mais, s'il est veuf ? ou s'il n'est pas marié ?

M. LE Dr DELBECQ (d'Amiens). — Il existe une forme d'assurance, la capitalisation, qui n'exige pas d'examen médical. Je l'ai souvent conseillée en pareil cas. Il faudrait obtenir qu'elle soit pratiquée par l'Etat comme par les Sociétés privées.

M. L'ABBÉ LEMIRE. — Qu'il s'agisse des individus ou des œuvres, c'est encore la question du terrain qui demeure la principale difficulté. A ce sujet, le vœu de M. Thoumyre, sollicitant une enquête du gouvernement pour signaler les terrains disponibles, mérite tout spécialement de retenir l'attention du Congrès.

M. LE GÉNÉRAL DE POUYDRAGUIN. — Le domaine public de l'administration de la Guerre me paraît désigné au premier chef pour un semblable emploi. A Strasbourg, nous en avions mis avec plaisir une grande part à la disposition de la Société des Jardins Ouvriers. Le ministère des Finances ne permet plus à l'autorité militaire d'en disposer gratuitement. Mais elle peut se contenter d'une valeur locative minima.

M. Paul Bacquet (de Boulogne-sur-Mer). — C'est par suite de cette règle nouvelle que l'administration du Génie voulait porter soudain de 150 à 1200 francs le loyer du terrain qu'elle concède à notre Œuvre. Je suis allé trouver l'officier du génie et je l'ai tout simplement menacé de dénoncer son administration au procureur de la République pour « loyer exagéré ». Ma menace l'a fait rire, et nous avons convenu d'un loyer annuel de 250 francs.

M. Costille. — A Lyon, les terrains militaires sont concédés gratuitement à la municipalité pour ses jardins ouvriers.

M. Philbert. — A Paris, les terrains des fortifications sont mis à la disposition de nos œuvres par l'intermédiaire de la Ligue du Coin de Terre et du Foyer, à raison de 1 franc l'are. Ce sont des conditions fort douces.

M. Aiguier. — Il serait désirable que les œuvres de Jardins Ouvriers en obtiennent de semblables dans toute la France.

M. l'Abbé Lemire. — La Ligue du Coin de Terre en a obtenu d'analogues partout où elle les a sollicitées, à Paris, à Reims, dans le Nord ; et cela en raison de son caractère d'œuvre sociale et de sa reconnaissance d'utilité publique, qui constitue une sorte de garantie officielle ; les pouvoirs publics traitent plus volontiers avec de tels organismes qu'avec des individus ou même avec des groupements ou des Sociétés qu'ils connaissent mal. Une concession faite à la Ligue garantit à l'Administration un loyer assuré et le maintien du terrain en bon état, tout en la délivrant de tout souci de contrôle. C'est pourquoi les œuvres ont tout intérêt à adhérer à la Ligue et toute sécurité d'obtenir par son entremise des terrains dans les conditions les plus bienveillantes.

M. le Dr Delbecq. — On me permettra d'évoquer ici la mémoire de ce grand homme de cœur que fut le docteur Lancry et de soumettre au Congrès un vœu qui lui était particulièrement cher : le vœu que les relais de mer de nos côtes soient réservés aux marins qui ont fait la guerre, à l'exemple de cette admirable organisation de Fort-Mardyck, qui remonte à Louis XIV et dont notre ami ne cessait de rappeler les bienfaits : 24 ares de terre donnés en propriété incessible et insaisissable à chaque matelot lors de son mariage ont fixé là, depuis près de deux siècles, une population qui ne cesse de multiplier, attachée à son métier parce qu'elle est profondément enracinée dans son sol. Magnifique exemple, qu'il serait aisé de suivre et de généraliser pour tous les inscrits maritimes de Gravelines et de Dunkerque au moyen de ces 250 hectares de laisses de mer qui restent sans emploi. Ce serait réaliser à la fois et l'idéal cher à la Ligue du Coin de Terre : la propriété incessible et insaisissable aux mains de la famille, et le vœu de M. Thoumyre : un morceau de la terre de France à l'ancien combattant.

M. L'ABBÉ LEMIRE. — Des négociations sont présentement engagées à ce sujet. Cet Office National du Combattant, dont notre rapporteur propose au Congrès de demander la création, serait particulièrement qualifié pour suivre la question et pour veiller par la suite à ce que ces terrains soient maintenus dans leur destination primitive.

Avant de mettre aux voix les différents vœux proposés par M. Thoumyre, je lui demande la permission d'y joindre celui que je reçois à l'instant de M. Avril, et dont voici le texte :

« Le Congrès émet le vœu que la pension ou partie de la pension versée annuellement aux mutilés de guerre ou veuves de guerre puisse être, sur la demande de l'intéressé, convertie en l'attribution immédiate d'un terrain appartenant à l'Etat, soit dans la métropole, soit aux colonies, terrain donné en toute propriété, incessible et insaisissable.

M. THOUMYRE. — Ce vœu pose la question très intéressante du rachat des pensions. Sa réalisation en marquerait la première étape. Cette méthode a été adoptée au Canada, en Serbie également ; certains gouvernements possédant de vastes terres ont préféré les morceler et les attribuer aux anciens combattants, plutôt que d'assumer la charge des arrérages annuels d'une pension. Je souscris très volontiers à ce vœu. L'idée mérite d'être retenue. Elle fera son chemin.

M. l'abbé Lemire. — M. Charles Bertrand, député de la Seine, président de l'Union nationale des Anciens Combattants, me prie de proposer à l'assentiment du Congrès le vœu suivant, qui répond à merveille aux désirs exprimés au cours de cette séance : « vœu que toutes les Associations d'anciens combattants adoptent comme moyen de bienfaisance, d'union et d'entr'aide entre anciens combattants l'organisation de Jardins Ouvriers. »

L'ensemble des vœux, mis aux voix, est adopté à l'unanimité.

M. l'abbé Lemire. — En conclusion pratique de cette séance, et pour réaliser dès à présent ces vœux dans toute la mesure qui dépend de nous, promettons-nous, Messieurs, 1° de généraliser dans nos œuvres l'usage de donner une préférence aux anciens combattants, 2° d'inciter autour de nous des initiatives charitables à créer pour eux des œuvres spéciales, 3° enfin de les aider à utiliser les lois existantes qui peuvent leur procurer la jouissance d'un coin de terre, tout en nous efforçant d'obtenir que ces lois soient perfectionnées et complétées.

A cela, tous nous travaillerons.

Nous vous remercions, mon Général, d'avoir bien voulu nous y encourager en présidant à l'ouverture de nos travaux avec un si cordial intérêt, une si parfaite bonté.

M. le général Gouraud s'associe aux conclusions et aux vœux du Congrès, et il ajoute :

« Souhaitons que la réalisation de ces vœux devienne un jour possible : cela dépend de notre situation budgétaire. Car, si la France généreuse n'a pas pu faire davantage pour les anciens combattants, c'est par suite des difficultés créées par le refus de paiement de l'Allemagne.

« Vous savez comment la mauvaise foi de nos ennemis a obligé notre pays à ajouter à ses charges de guerre celle des réparations ; comment, après quatre ans de conférences et de patience, nous avons dû nous décider à saisir un gage. Cette politique énergique paraît sur le point de porter ses fruits.

« Si, dans un prochain avenir, l'Allemagne ayant payé, il devient possible à la France de faire mieux et davantage pour ceux qui l'ont sauvée, les anciens combattants n'oublieront pas qu'ils le doivent à l'énergie, au courage, à l'imperturbable ténacité du président Poincaré. »

VŒUX ÉMIS PAR LE CONGRÈS
EN CONCLUSION DE LA PREMIÈRE SÉANCE

Les Jardins Ouvriers et les Anciens Combattants

Le Congrès, considérant que, parmi les avantages matériels capables d'améliorer le sort des anciens combattants, aucun ne saurait exprimer la reconnaissance de la nation d'une manière plus efficace, plus délicate et plus juste que l'attribution, sous les différentes formes possibles, d'une parcelle de cette terre de la patrie qu'ils ont défendue et sauvée, a émis les vœux suivants :

Premier vœu.

Que les Sociétés de Jardins Ouvriers qui ont bien voulu jusqu'à ce jour réserver une priorité d'attribution en faveur des anciens combattants en soient remerciées et félicitées, et que toutes les œuvres de Jardins Ouvriers soient invitées à imiter leur exemple.

Deuxième vœu.

Que les Associations d'Anciens Combattants adoptent comme moyen de bienfaisance et d'entr'aide entre leurs adhérents l'organisation de Jardins Ouvriers.

Troisième vœu.

Que les différentes Sociétés de Croix-Rouge qui veulent apporter au pays dans la paix un concours non moins efficace que celui qu'elles lui ont prêté pendant la guerre, s'appliquent à créer des œuvres de Jardins Ouvriers en faveur des anciens combattants, des mutilés et réformés de guerre.

Quatrième vœu.

. Que toutes les œuvres qui créent des Jardins Ouvriers en faveur des anciens combattants s'efforcent dans l'avenir de leur faciliter l'achat de terrains sur lesquels ils pourraient éventuellement construire une maison avec le concours des Sociétés de Crédit immobilier et de l'Office national des Mutilés, concours qui devra être facilité par des modifications nécessaires aux lois et règlements.

Cinquième vœu.

Que, dans le but de consacrer et d'encourager le principe de retour à la terre, une proposition de résolution soit déposée au Parlement, invitant le gouvernement à organiser une vaste enquête dans la métropole et dans les colonies, afin de rechercher les terrains susceptibles d'être cultivés, morcelés et répartis entre petits propriétaires, étant entendu que ces parcelles seront réservées de préférence aux anciens combattants qui en feront la demande.

Sixième vœu.

Qu'un Office national des combattants soit créé dans le plus bref délai, avec la double mission d'organiser la cession des terres disponibles aux anciens combattants qui en feront la demande et d'aider à leur établissement par la création d'organismes de crédit appropriés.

Septième vœu.

Que l'Office national des mutilés, après avoir été félicité des mesures prises dans sa circulaire du 5 juillet 1923 en vue de faciliter aux pensionnés de guerre l'achat d'une maison, soit invité à prendre des dispositions analogues en faveur des invalides de guerre, des veuves et des pupilles de la nation désireux de faire l'acquisition d'un jardin.

Huitième vœu.

Que la pension ou partie de la pension versée annuellement au mutilé ou à la veuve de guerre puisse être, sur la demande de l'intéressé, convertie en l'attribution immédiate d'un terrain appartenant à l'Etat, soit dans la métropole, soit aux colonies, terrain donné en toute propriété, incessible et insaisissable.

DEUXIÈME SÉANCE

Les Jardins Ouvriers et l'Industrie

Présidence de M. JAVARY
Directeur général de l'Exploitation du Chemin de fer du Nord

Autour de M. Javary prennent place, avec M. l'abbé Lemire et les membres du comité présents à la précédente séance, M. l'abbé Delsor et M. Scheurer, sénateurs, M. Robert Thoumyre, député, M. Choquet, directeur des Jardins et plantations des Mines de Lens, M. Gabriel Hanra, directeur des Mines de Saint-Pierremont, MM. les lieutenants-colonels Ryckelinck et Lespagnol.

M. L'ABBÉ LEMIRE. — Je suis très heureux, monsieur le Président, et personnellement très reconnaissant, de ce de ce que vous ayez consenti, malgré les lourdes responsabilités et l'incessant labeur de votre charge, à consacrer aux Jardins Ouvriers quelques heures d'un temps si précieux.

Puisqu'il s'agit ici de donner l'exemple aux industriels de toute la France, nul ne pouvait être mieux qualifié que le Directeur d'une de nos grandes Compagnies de chemins de fer, cette industrie maîtresse, sans laquelle aucune autre ne serait possible ; — et nul mieux que celui-là même en qui le gouvernement français se plaisait à récompenser récemment par une distinction exceptionnelle, non seulement le merveilleux réorganisateur du réseau le plus durement éprouvé par la guerre, mais l'homme au sens profondément social, qui a su de ce mal terrible de la destruction tirer le bien durable d'une reconstitution meilleure.

Vous avez compris, en effet, que le vrai moyen d'obtenir du travailleur un bon et joyeux rendement, c'était de lui assurer une vie de famille heureuse. A Tergnier, à Lille-

Délivrance, à Hazebrouck, en vingt autres lieux, vous n'avez pas hésité à donner à vos employés, autour de la maison, six ares de jardin. Et dans toutes ces cités ouvrières, c'est presque le cadre qui a fait le tableau, le coin de terre élargissant, enjolivant, faisant joyeuse et douce la demeure où l'ouvrier et sa famille sont réunis.

Autour de vous, ici, presque toutes les capitales de votre réseau se trouvent représentées : Lille, Roubaix, Gravelines, Hazebrouck, Amiens, Boulogne, et prêtes à leur donner la main dans l'amour des jardins, celles de l'Est, du P.-L.-M., de l'Etat... C'est un peu toute la France, désireuse de profiter de l'exemple que vous avez bien voulu nous apporter.

Allocution de M. Javary

MON CHER PRÉSIDENT ET AMI,

Laissez-moi vous dire d'abord que j'ai été très touché et flatté de l'honneur que vous m'avez fait en m'appelant à présider cette séance de votre Congrès.

J'ai accepté, mû par une grande sympathie pour cette belle Œuvre des Jardins Ouvriers : et comme résultat de cette sympathie, je ne veux pas vous faire un discours, mais simplement vous apporter, comme une justification de plus de vos tendances, le fruit de mon expérience personnelle.

L'œuvre accomplie par la Compagnie du Nord dans le développement des jardins de ses agents a pris, en effet, une ampleur que nous n'avions pas prévue au début. Il ne faut pas croire qu'elle soit sortie, comme Minerve, tout armée du cerveau de Jupiter. Du tout : nous y avons été conduits par la nécessité, et c'est en voyant les résultats qu'elle donnait que nous avons été amenés de jour en jour à la développer, à l'étendre et que nous y avons connu des joies profondes.

Au lendemain de l'armistice, nous nous sommes trouvés en face, non seulement de la destruction du réseau, mais de la destruction totale de toute organisation sociale, de toute vie. C'était pis que le désert : c'était la sauvagerie. Tout était à refaire.

Nos hommes avaient accompli cinquante-quatre mois de besogne de guerre, soutenus par l'exemple et l'entraînement du front. Et maintenant ils se trouvaient seuls au milieu de cette dévastation, seuls dans des cagnas ou des baraquements. Il fallait les y ravitailler comme des soldats. C'était la vie du front qui continuait, moins les obus, mais aussi moins le sentiment de la lutte, moins la volonté tendue vers la victoire.

Le découragement est venu. Le cafard les a pris. Nous avons alors décidé de faire revenir les femmes et, dans la mesure du possible, les enfants : ce fut le premier réconfort. Puis nous avons réalisé le plus vite possible le jardin pour aider au ravitaillement, à la vie matérielle. Mais tout de suite nous y avons trouvé autre chose : nous avons compris, constaté, que le jardin empêche l'imagination de galoper, l'occupe, l'oriente vers un but que l'homme sent qu'il conquiert. Dans notre travail industriel trop fragmenté, l'ouvrier ne se rend pas compte de la part d'utilité que produit son effort : le travail du jardin, au contraire, lui donne le sentiment du but atteint. Et c'est un premier gain moral.

M. L'ABBÉ LEMIRE. — Voilà de la vraie psychologie, mon cher Président.

M. JAVARY. — Psychologie de contact, Monsieur l'Abbé. C'est en causant avec ces braves gens qu'on apprend à les connaître. Depuis ce qu'ils ont fait en 1914, nous savons ce qu'ils sont et ce qu'ils valent ;

et nous nous sommes rendu compte qu'il n'y a pas de plus belle tâche et de plus grande joie que de se pencher vers eux, de leur apprendre à s'estimer eux-mêmes, à se développer, à s'élever...

Car, tout est là !

Reconstruire des maisons, c'est facile.

Mais reconstruire la conscience morale, réveiller l'amour-propre professionnel, faire renaître le goût de l'ouvrage bien fait, c'est une autre tâche.

Il faut arriver à ce que l'homme se rende compte de la valeur et de l'utilité de son travail, à ce qu'il s'y attache, à ce qu'il s'y intéresse, à ce qu'il en soit fier. Un agent qui dit en parlant de son réseau : « *Chez nous..., chez nous*, c'est ainsi qu'on fait, c'est ainsi qu'on travaille. », est un agent sûr, un agent conquis.

Eh bien ! c'est par le jardin que nos hommes ont commencé à retrouver ce sentiment de la nécessité, de la valeur, de la dignité du travail.

Mais, avec le jardin, il faut la maison. Avec la multiplication des maisons, il faut assurer l'air et la lumière, un chemin pour l'eau propre qui arrive, un chemin pour l'eau usée qui s'en va : travaux de voirie, de canalisation, d'écoulement des eaux...

Nous les avons exécutés. Mais il fallait en gérer l'exploitation. Nous avons décidé de remettre cette gestion aux hommes qui habitent la cité et de leur laisser la responsabilité de son budget.

Car, quelle que soit l'ampleur ou la petitesse du champ où elle se meut, la responsabilité est toujours lourde : elle suscite l'effort, elle crée un état moral, elle est la grande éducatrice, la vraie école de la liberté.

C'est parce que votre œuvre développe le sens de la responsabilité que votre œuvre est grande. C'est de là qu'elle tire ses résultats : vous devez en être fiers.

Résultats considérables dans une société industrialisée. Car, à côté du dividende d'argent que l'on touche par action, il est dans ces grandes organisations un dividende moral que l'on touche sous forme d'exactitude, d'assiduité, de sûreté dans le travail, de fidélité des enfants au métier du père.

Lorsque les parents ont conscience de faire partie d'un organisme, et non pas d'être au service d'un patron, ils s'attachent à cet organisme, ils désirent que leurs enfants les continuent. Et cette continuité fait une race.

Là encore, le jardin a son rôle. Attirant l'homme dès son travail fini, il l'occupe, il le fixe auprès de son foyer, il le retient jusqu'à l'extrême limite du jour, il lui donne une saine fatigue. Et lorsque cet homme rentre pour s'asseoir à la table de famille, enrichie par son effort, si la cuisine est bonne, si les visages sont contents, il éprouve une satisfaction simple et saine qui le délasse et lui emplit le cœur, et qui se traduit par des enfants.

Le jardin est donc un moyen de renaissance morale.

Grâce à lui, chez nous, cette œuvre de reconstruction qui semblait irréalisable a été réalisée, moralement en six mois, matériellement en trois ans, par le concours de toutes les bonnes volontés.

Vous comprendrez qu'on se prenne de passion pour une œuvre comme celle-là et qu'on finisse par l'aimer, par y trouver la plus douce et la plus profonde des satisfactions.

C'est pourquoi j'ai eu tant de plaisir à venir ici remplir cette place de président... figuratif, tout simplement pour vous dire la joie qu'on éprouve à marcher dans cette voie dont vous êtes les pionniers.

M. L'ABBÉ LEMIRE. — Dès à présent, notre Congrès est

réussi, mon cher Président, par ce seul discours ! Merci de nous avoir apporté ces hautes considérations morales, sociales, patriotiques. Ce ne sont pas là des paroles théoriques et vagues ; ce sont des observations vécues, des choses réalisées.

Et merci de nous dire ces choses sur cette terre d'Alsace, où trop longtemps d'autres se sont imaginé avoir tout fait parce qu'ils avaient fait « colossal ». Vous êtes venu rappeler la façon française ; elle est plus modeste, mais non moins efficace ; elle ne fait pas les choses les plus colossales, mais les plus humaines. Ce qui est différent.

L'union du Congrès de Strasbourg et de la grande industrie est désormais scellée grâce à vous. Merci !

*
* *

Mme Gonse-Boas, présidente de la Nouvelle Etoile des Enfants de France, demande à présenter au Congrès un exposé de l'œuvre accomplie dans la Cité-Jardin de Longueau, où la Compagnie du Nord a encouragé l'établisment d'un Centre d'Hygiène maternelle et d'un Centre d'Elevage qui ont donné des résultats remarquables.

Nous ne pouvons que résumer ici cette très intéressante communication, publiée *in extenso* dans le *Bulletin du Coin de Terre et du Foyer* (juillet-août 1924).

Mme Gonse-Boas expose au Congrès le but et le fonctionnement des deux organismes : le Centre d'Hygiène maternelle, qui donne les soins préventifs et curatifs tant sur place qu'à domicile, exerce une sorte de surveillance sanitaire qui prévient ou enraye bien des maladies, diminue la mortalité et facilite l'élevage des petits enfants. Il réalise en même temps, par l'exemple et les conseils journaliers, l'éducation hygiénique des mères et aussi des fillettes qui seront les futures mamans.

Le Centre d'Elevage confie un nourrisson aux jeunes mères qui sont retenues chez elles par le soin de leurs propres enfants. Par là il leur permet de réaliser à domicile un gain réel sans être détournées des travaux du foyer; tandis qu'il fait bénéficier des enfants nés dans les villes des excellentes conditions d'hygiène que réalise une Cité Jardin. Les résultats statistiques sont véritablement merveilleux.

Un Centre d'Hygiène et un Centre d'Elevage adjoints à la Cité-Jardin permettent donc à celle-ci de porter tous ses fruits sous le rapport de la santé et de la vie familiale. Par là même ils assurent dès à présent un meilleur rendement du personnel sous le rapport du travail, et surtout ils préparent pour l'avenir une population ouvrière plus nombreuse, plus saine et plus robuste.

C'est pourquoi l'exemple de la Compagnie du Nord mérite d'être signalé et imité.

Mme Gonse-Boas conclut en exprimant le vœu que toutes les grandes organisations industrielles s'en inspirent et fassent appel aux œuvres compétentes pour installer des Centres d'Hygiène maternelle et infantile au cœur des cités qu'elles créent pour leur personnel..

M. L'ABBÉ LEMIRE félicite Mme Gonse-Boas des beaux résultats qu'elle vient de faire connaître au Congrès et demande à retenir le vœu exprimé en vue de la séance de l'après-midi, qui doit être consacrée aux Jardins Ouvriers considérés au point de vue de l'hygiène et du développement de la vie familiale.

La parole est donnée à M. A. Choquet, directeur des Jardins et Plantations de la Société des Mines de Lens, pour son Rapport sur les Jardins Ouvriers de l'Industrie.

Rapport de M. A. Choquet
sur les Jardins Ouvriers de l'Industrie

MONSIEUR LE PRÉSIDENT,

MESDAMES, MESSIEURS,

Avant de vous donner lecture de mon rapport, permettez-moi, je vous prie, d'accomplir une mission bien chère ; je serai d'ailleurs très bref.

Il y aura le 29 octobre un an que se répandit dans Lens et dans toute la région la nouvelle de la mort de notre cher et vénéré M. Reumaux.

La veille, il se rendait à Carling pour présider le Conseil d'administration des Mines de la Sarre. Son train filait à toute vapeur, quand, vers onze heures du soir, la portière de son wagon s'ouvrit et notre malheureux chef, vieillard tant aimé, qui à nos yeux semblait ne devoir mourir jamais, fut précipité dans la voie et tué sur le coup.

Notre peine à tous fut grande et sincère. Une inquiétude la rendait plus vive encore. Qu'était devenu son corps, pour nous relique sacrée ? Qui l'avait retrouvé? Où reposait-il ?

Que nous aurions voulu être auprès de lui pour le veiller, l'honorer comme il méritait de l'être !

Le lendemain, dans la soirée, nous avons appris que M. le Maire d'Ars-sur-Moselle l'avait fait recueillir pieusement, et que les enfants de M. Reumaux avaient retrouvé leur père reposant parmi les fleurs sur un lit de parade et entouré d'une garde d'honneur.

Messieurs, qu'il était beau, ce geste, qu'il était consolant; et comme il répondait bien au plus intime de nos désirs ; mais combien aussi fut profond le sentiment de reconnaissance qu'il imprima dans nos âmes !

Quand mes collègues et nos chers ouvriers surent que M. le Directeur général me faisait l'honneur de me déléguer parmi vous, ils me dirent : « Monsieur, vous qui allez là-bas, dites notre merci ».

Je leur fis remarquer que Strasbourg était l'Alsace.

« L'Alsace et la Lorraine, me répondirent-ils, pour nous ne font qu'une ; leurs noms sont inséparables, et tout enfants nous avons appris à les balbutier ensemble. Nous les considérons comme deux sœurs tendrement unies. Ce que l'une a fait, l'autre l'aurait fait ; ce que vous direz à l'une, l'autre l'entendra. »

Je le crois aussi, Messieurs, et c'est pourquoi je n'hésite pas à vous apporter le merci de tout un peuple; le merci de tous, mais surtout le merci des humbles.

Permettez-moi de vous le dire en toute simplicité, mais avec le meilleur de moi-même : avec tout mon cœur.

MESSIEURS,

Nous avons conscience de vous fournir un travail incomplet.

Nous n'avons pas interrogé tous les industriels parce que nous ne les connaissons pas tous ; mais il en est, parmi ceux que nous avons interrogés, qui n'ont pas répondu à nos demandes.

Malgré l'active campagne poursuivie avec tant d'opiniâtreté depuis vingt-cinq ans, la Ligue française du Coin de Terre et du Foyer n'est pas encore connue comme elle mérite de l'être.

Il est des sociétés industrielles, comme les Compagnies de chemins de fer et les Compagnies minières, qui ont toujours considéré le jardin comme étant le complément indispensable de la maison.

Cette façon de faire est si bien entrée dans les mœurs, que là on ne conçoit pas qu'il puisse en être autrement.

« Depuis plus de soixante ans qu'existe notre houillère, nous écrit très aimablement M. le Directeur des Houillères de Petite-Rosselle, nos ouvriers ont toujours eu un jardin avec leur logement ; la culture et l'entretien de ceux-ci sont entrés à tel point dans l'usage, qu'eux-mêmes ne concevraient pas qu'un jardin mis à leur disposition ne soit pas cultivé. »

D'après ce qui précède, nous pouvons comprendre le motif de l'abstention de certains directeurs.

L'étendue de notre questionnaire semble en avoir effrayé d'autres. Ils auront pensé que les quelques jardins établis par eux ne feraient pas grande figure à côté des œuvres déjà anciennes et bien organisées.

C'est d'autant plus regrettable qu'ils nous privent du plaisir de pouvoir enregistrer leurs efforts et de compter à peu près exactement l'étendue de nos forces.

Je vous avoue que ces abstentions ont bien gêné votre rapporteur. Puisque la question qui nous intéresse demande une statistique, il aurait aimé pouvoir vous la donner d'une façon aussi exacte que possible.

En nous basant sur les renseignements reçus et sur la statistique publiée l'hiver dernier par les soins du Ministère du Travail, nous arrivons aux chiffres suivants :

Les Compagnies minières s'avancent en tête avec un ensemble de 88.000 jardins, dont 70.000 attenant aux maisons.

Les Compagnies de chemins de fer viendraient ensuite avec un total très approximatif de 60.000 jardins.

Nous connaissons, d'autre part, 106 industries diverses possédant ensemble 22.000 jardins, dont 7500 attenant aux maisons.

A notre connaissance donc, les jardins de l'Industrie comprendraient un ensemble de *170.000 jardins cultivés par 130.000 familles*, couvrant une surface de *5500 hectares* et produisant annuellement — au prix où se vendent les légumes de nos jours — un bénéfice variant entre *55 et 80 millions*.

*
* *

Messieurs, nous n'avons rien voulu forcer. A quoi bon ? C'est la première fois que, dans un Congrès organisé par la Ligue française du Coin de Terre et du Foyer, les jardins ouvriers de l'Industrie sont particulièrement à l'ordre du jour. Ce n'est pas la dernière.

Nous avons eu un instant la pensée d'établir une comparaison entre ces chiffres et ceux de 1920. Ils nous auraient permis une constatation très réjouissante, mais je dois vous faire remarquer que, si le nombre des maisons et des jardins est beaucoup plus considérable qu'en 1920, cette augmentation est due autant à l'énergie déployée pour reconstruire nos régions dévastées qu'à l'augmentation proprement dite du nombre des Œuvres de Jardins Ouvriers de l'Industrie.

En tenant compte des carreaux de terre, nous voyons que Dourges est passée de 3317 à 5192 jardins, Liévin de 386 à 2936, et Lens — la Société qui souffrit le plus — de 1019 à 6847. Soit, pour ces trois seules sociétés, une augmentation de 10.254 jardins.

Il y a certainement un grand progrès, mais nous n'avons pas encore atteint nos chiffres d'avant-guerre. Ce sera chose faite pour le prochain·Congrès, je n'en veux pas douter.

Ces chiffres d'avant-guerre seront dépassés : l'application de la loi de huit heures et la main-d'œuvre étrangère, moins expérimentée que la nôtre, obligent les Compagnies minières à augmenter considérablement leur personnel et avec lui le nombre des maisons et des jardins.

Est-ce à dire que le nombre des jardins n'a pas subi une augmentation sérieuse depuis 1914, et que les industriels ne comprennent pas plus l'intérêt qu'il y a pour eux à donner à leur personnel la disposition d'une maison avec jardin, ou, à défaut de la maison, la disposition d'un jardin seul ?

Evidemment non.

Le mouvement en faveur des maisons ouvrières avec jardin se dessine de plus en plus. Certaines Compagnies minières n'ayant pas eu à souffrir de la guerre, comme Bruay, par exemple, ont augmenté considérablement, doublé même le nombre de leurs maisons.

Quant tout sera reconstruit, nous pouvons compter — c'est le bulletin du ministère du Travail qui nous l'apprend — que le nombre des jardins mis à la disposition des ouvriers mineurs sera augmenté de 60 à 80 % par rapport à 1914 et que le total de leur superficie aura presque doublé.

Cette même proportion s'applique également aux entreprises industrielles autres que les houillères et les Compagnies de chemins de fer.

La Compagnie du chemin de fer du Nord a construit en trois années, dans les régions dévastées, plus de 12.000 logements avec jardins, logements répartis sur le réseau en 32 cités de 50 à 1200 logements, 80 cités de moins de 50 logements et une poussière de petits groupes ou de maisons isolées.

Ces cités sont très jolies, ainsi qu'il est possible de s'en rendre compte en passant dans le train à La Délivrance, à Douai, à Arras, à Longueau, à Lens, à Béthune, à Somain et à Aulnoye.

Laissez-moi vous signaler, au sujet de la construction, de l'administration intérieure des cités par le personnel et de ses relations avec la Compagnie, le rapport si parfaitement documenté que présenta, au nom de la Compagnie du Nord, M. Dautry, ingénieur en chef de l'Entretien, au Congrès de l'Habitation, tenu à Lille en 1922.

Depuis 1919, nous avons eu le plaisir de noter la création des maisons et des jardins du Tissage Bianchini-Ferier à la Tour-du-Pin, celles et ceux des établissements Ch. Tiberghien, à Tourcoing, les cités des Verreries mécaniques champenoises, les jardins ouvriers de la Féculerie de Châlon-sur-Saône, l'Union horticole de la Glacerie, à Montluçon, les jardins de la Compagnie du Gaz de Lyon, les jardins ouvriers de la Société du Chlore liquide, à Pont-de-Claix, la Potagère des Etablissements Col, à Moulins, les jardins ouvriers de la Maison Crouy Frères, à Boulogne-sur-

Mer, les jardins ouvriers de la Société Lefort et Cie,
à Mohon, ceux des Etablissements réunis Pascal Val-
luit, à Vienne, qui, dans leur ensemble, nous présentent un total de 688 maisons et 1525 jardins.

Ces chiffres sont faibles si nous les comparons à
ceux des Compagnies minières et à ceux des Compagnies de chemins de fer, mais ils ont cependant
leur éloquence. S'ils ne nous apprennent pas tout ce
qui s'est fait en France, ils nous montrent les efforts
très louables de la petite industrie pour s'attacher
son personnel, en lui rendant les conditions de vie
meilleures.

La surface des jardins est variable.

Ceux attenant à l'habitation ne sont pas toujours
suffisants. Si, dans les Compagnies minières, ces
jardins possèdent généralement une étendue moyenne
de trois ares, dans les industries de moindre importance ils n'atteignent pas toujours une surface de
150 mètres carrés.

Hâtons-nous d'ajouter que Messieurs les Industriels
n'aiment pas à faire les choses à demi : ils tiennent à
donner à leur personnel un jardin convenable. A cet
effet, ils se sont procuré des terrains à proximité
de leurs entreprises, et ils les louent à un prix prou-
vant bien qu'ils ne visent pas à une opération de
rapport.

Ces prix varient entre 1 fr. 50 et 7 francs par are,
mais dans beaucoup d'endroits il est tenu compte des
charges de familles. Les Filatures de l'Est, à Lunéville,
diminuent le loyer de moitié aux familles nombreuses
et la Société des Mines de Liévin fait à ces mêmes
familles la remise totale de la location.

Aux Filatures de Charmes-sur-Moselle, il est bien

réclamé un faible loyer pour les jardins, mais les sommes perçues sont ensuite versées à la caisse de secours des ouvriers. En fait, la location est gratuite.

*
* *

Depuis plus de vingt ans, tant par la parole que par la plume, nous avons soutenu l'idée qu'il ne suffisait pas de donner un coin de terre à l'ouvrier, mais que, pour retirer de cette œuvre tout le profit qu'on était en droit d'en attendre, il était indispensable de l'amener à cultiver son jardin avec art, en s'intéressant à ses travaux.

Nos Œuvres de Jardins concourent au bien-être de l'ouvrier, mais il n'est pas défendu, il me semble, pour leur fondateur, de joindre la question intérêt à la question sentiment, surtout quand ces deux choses qui, en principe semblent se heurter, en fait se concilient si bien.

Tout naturellement l'ouvrier jardinera par nécessité. Mais l'intérêt de l'industrie veut que le jardin occupe son personnel le plus longtemps possible.

En prenant la question de haut et en voyant les jardins tous emblavés, on peut se dire : Tout va bien. En regardant un ensemble de « parcs » parfaitement tracés, de chemins bordurés et sablés, des parterres bien dessinés et ornés de jolies fleurs ; en regardant, dis-je, le résultat d'un travail long, minutieux, savant même, nous devons bien convenir qu'il y a une différence entre les deux méthodes et que la seconde n'est pas la plus aimée des cabaretiers.

Ce n'est pourtant pas difficile d'en arriver là.

Il suffit que les ouvriers sachent que leurs chefs s'intéressent à leurs travaux, qu'ils se rendront ou se feront rendre compte, et sauront distinguer, en les récompensant, les jardiniers les plus méritants.

Ici la valeur même de la récompense est secondaire ; ce qui importe avant tout, c'est d'établir une distinction.

Notons, en passant, que cette manière de faire ne froisse jamais l'ouvrier. La contrainte n'existe pas, c'est toujours le travail libre. Je sais bien que souvent, l'amour-propre entrant en jeu lui fait faire bien des choses, mais les satisfactions morales qu'il éprouve à savoir jardiner en artiste et à voir son œuvre appréciée comme elle le mérite lui sont toujours agréables.

Nous avons été bien heureux d'apprendre que ces idées sont mises en pratique par la moitié des industriels qui ont bien voulu répondre à nos demandes de renseignements ; un certain nombre nous informe que chez eux la question est à l'étude ; les autres croient sans doute la réalisation très compliquée. Nous souhaitons bien vivement que le compte rendu de cette séance parvienne jusqu'à eux ; ils verront combien c'est simple, et — pardonnez-moi cette expression — combien en réalité c'est peu coûteux.

Je vous avoue, Messieurs, m'être fait quelque violence, mais comme cette partie de la question intéresse surtout les commerçants, je vous demande la permission de la traiter comme on a coutume de traiter une affaire, c'est-à-dire en laissant de côté toute question de sentiment.

*
* *

La méthode employée pour intéresser l'ouvrier au jardin n'est pas la même partout.

Il est des cas où la société industrielle opère par ses propres moyens.

Il en est d'autres où elle recourt aux bons offices des sociétés d'horticulture voisines.

Il en est d'autres encore où l'action du chef d'industrie est moins visible, les ouvriers étant groupés en sociétés et semblant s'administrer eux-mêmes.

Dans le premier cas, il convient de citer l'Œuvre des Jardins Ouvriers de la Société des Mines de Lens.

M. Cuvelette, son Directeur général, désire étendre l'œuvre créée par son prédécesseur. Il aime, lui aussi, très sincèrement ses ouvriers, et tout ce qui intéresse leur bien-être matériel et moral est l'objet de sa sollicitude. Puisqu'il faut tout refaire, dans notre Œuvre des Jardins comme ailleurs, nous nous inspirons des leçons du passé.

Chacune des quatre écoles enfantines reconstruites possède une cour ombragée, avec, sous les arbres, un grand tas de sable et, à l'endroit propice, des jardinets pour enfants.

Chacun des six groupes scolaires se composant d'une école de garçons, d'une école de filles, d'un atelier de couture, d'une salle d'enseignement ménager, d'une salle de patronage pour garçons, d'un dispensaire et d'une consultation de nourrissons, comporte également un jardin scolaire de garçons et un jardin scolaire de filles. Vous pourrez, s'il vous plaît, voir les plans de ces jardins.

Les jardins scolaires servent de jardins-types.

A la tête du service se trouve un ancien élève de l'Ecole nationale d'Horticulture de Versailles.

M. le Directeur général l'a chargé d'écrire une brochure : « Le petit Manuel du Mineur-Jardinier » ; elle est distribuée gratuitement à chaque ouvrier. Il l'a chargé, en outre, de composer un ouvrage plus important : « Le Jardin du Mineur », qui est donné comme prix de jardin, et dont une édition spéciale est cédée à un prix inférieur au prix de revient.

Il doit, en outre, fournir la Chronique Horticole aux journaux régionaux et composer des affiches et des tracts quand le besoin s'en fait sentir.

Les concours de jardins ont repris leur importance d'avant-guerre. Comme par le passé, le jury se compose d'ouvriers et d'employés retraités ayant de réelles connaissances en jardinage.

Si les fêtes de jardins ne sont pas encore ce qu'elles étaient autrefois, M. le Directeur tient à présider la remise des récompenses et, parmi les nombreuses attributions de sa charge, ce n'est pas celle qui lui plaît le moins.

Les lauréats reçoivent de très jolis diplômes gravés spécialement pour eux, des croix, des médailles, des livres et des graines potagères.

Les premiers prix comprennent trois échelons : premier prix, rappel du premier prix, prix d'honneur, hors concours.

C'est avant tout pour l'honneur que jardinent ceux que nous pouvons appeler nos artistes. Ils aspirent à être classés « hors concours », et l'expérience de nombreuses années nous montre que, même en ne concourant plus, ils continuent par la suite à posséder les plus jolis jardins de la cité.

Ils deviennent à leur tour des éducateurs écoutés, et la nouvelle distinction que vient de fonder M. le Directeur général : « Médaille pour services rendus à l'Œuvre des Jardins » stimulerait puissamment leur zèle s'il en était besoin.

Quand j'aurai ajouté que M. le Directeur général aime à prendre sur ses rares instants de loisir pour visiter les jardins et causer avec les ouvriers, quand j'aurai ajouté encore que le Conseil d'administration de notre société visite chaque année officiellement les jardins, l'émulation qui existe parmi nos mineurs jardiniers ne vous surprendra pas.

La question des engrais préoccupe M. le Directeur général. Le fumier, chez nous, fait défaut. Notre culture en manque.

Nous recommandons à notre personnel la fabrication des composts, fabrication toujours facile quand le jardin avoisine la maison.

Nos ouvriers trouvent chez nous le sulfate d'ammoniaque et la naphtaline dont ils ont besoin. Nous étudions en ce moment l'action sur la végétation des masses épurantes résultant de la distillation du gaz. Bientôt, après nous être procuré les éléments qui nous manquent, nous serons capables de fournir à notre personnel un bon engrais minéral complet.

Notons en passant qu'il est très facile pour les sociétés houillères de faire à bon compte un excellent engrais complet, et aussi des insecticides, car elles disposent pour la plupart d'un service chimique et du matériel nécessaire pour cet usage.

*
**

A Lens, on fait bien les choses, me direz-vous ; mais Lens est une société puissante, l'étendue de sa concession est très vaste et elle possède de grands moyens d'action.

Opposons-lui, si vous le voulez, la petite Compagnie des Mines de Fer de Saint-Pierremont, à Mancieulles.

Elle ne dispose que de 350 jardins, mais l'organisation de ces jardins, à laquelle préside son Directeur, M. Hanra, doit appeler toute notre attention.

Là aussi, c'est un ancien élève de l'Ecole de Versailles qui dirige le service.

Un jardin scolaire est annexé à l'enseignement ménager. Dans chaque cité existent des jardins-types parfaitement organisés, dans lesquels mensuellement se fait une causerie accompagnée d'une distribution de brochures, de tracts et de graines.

Ces brochures et ces tracts sont édités par l'Office départemental et la Société d'Horticulture de Nancy.

La Société Coopérative vend d'excellentes graines.

Disons en passant que les coopératives devraient vendre des graines ; ce n'est pas une mauvaise opération commerciale, à la condition de s'adresser à une maison de premier ordre.

M. Hanra a voulu résoudre la question des engrais.

Il a réussi à se procurer quelques wagons de fumier et fait distribuer gratuitement à son personnel des scories de déphosphoration et du sulfate d'ammoniaque.

Chaque année aussi la Mine organise des concours de jardins sous le patronage de la Société d'Horticulture de Nancy.

La distribution des récompenses se fait comme à Lens.

Nous avons noté avec beaucoup d'intérêt que les mineurs-jardiniers de Saint-Pierremont participent par des apports collectifs aux expositions d'horticulture de Metz et de Nancy. Les récompenses flatteuses qu'ils ont déjà obtenues les encouragent et sont pour eux un sérieux stimulant.

M. Hanra ne nous parle pas des visites qu'il fait dans ses jardins. Ce n'était pas indispensable. Dans ce rapide exposé, n'avons-nous pas senti partout son action bienfaisante ? Nous nous rendons très bien compte que si l'œuvre des Jardins Ouvriers de Saint-Pierremont est si florissante, c'est avant tout au chef qui en est l'âme qu'elle doit sa prospérité.

*
* *

Avec Lens, nous avons vu une Société opérer seule (il en est à peu près de même pour Aniche) ; à Saint-Pierremont, une Société opérer par ses propres moyens en s'appuyant sur une Société d'Horticulture. La Société des Mines d'Anzin, celle d'Ostricourt, les Hauts Fourneaux, Forges et Aciéries de Denain, subventionnent la Société d'Horticulture de Valenciennes, et c'est cette dernière qui se charge d'organiser conférences, expositions, concours de jardins, fêtes, etc..., en un mot d'assurer la vitalité de l'Œuvre. Les choses se passent très bien, vous n'en doutez pas ; et je crois, Messieurs, qu'il serait injuste de ne pas saisir l'occasion qui nous est offerte pour adresser aux Sociétés d'Horticulture de France, à la tête desquelles se trouve la Société nationale d'Horticulture, l'hommage reconnaissant de tous les Jardins Ouvriers pour le concours désintéressé que toutes leur ont toujours généreusement offert.

La Société Minière des Terres-Rouges subventionne de même la Société « Les Amis des Jardins » ; les Hauts Fourneaux de Brousseval semblent agir d'une façon un peu différente avec la Société Horticole de la Haute-Marne. Ils encouragent leur personnel à faire partie de cette Société en prenant à leur charge la moitié de la cotisation. Les ouvriers reçoivent ainsi le bulletin et participent aux causeries pratiques. Ils sont particulièrement choyés par la Société d'Horticulture, nous n'en doutons pas.

La Compagnie de Saint-Gobain a fondé à Montluçon « L'Union Horticole de la Glacerie », qui englobe la majeure partie de son personnel. Les conférences sont faites par le professeur d'agriculture de l'arrondissement. C'est lui qui organise les concours de jardins.

Un groupement du même genre, « La Potagère », a été fondé à Moulins entre le personnel de l'usine des Établissements Col.

A la Compagnie du Chemin de fer du Nord, c'est le Conseil d'administration des Cités qui se charge de visiter les jardins et de décerner des prix en espèces.

D'un côté comme de l'autre, les ouvriers semblent s'administrer seuls, du moins ils en ont l'impression. Il n'est pas douteux que l'action du chef d'industrie existe, mais elle paraît moins.

Jusqu'à présent, Messieurs, il n'a été question que de l'aide apportée d'une façon plus ou moins étendue par les sociétés d'horticulture. Je dois vous signaler aussi l'aide très efficace qui peut être donnée aux industriels par les Sociétés de Jardins Ouvriers de leur région. Les rapports que ces dernières entretiennent avec les premières sont très étroits. Elles ont des administrateurs excellents et très expérimentés. Elles constituent, si vous me permettez de m'exprimer ainsi, dans la hiérarchie des œuvres, l'ordre le plus parfait.

Il est vrai que ceux qui sont à leur tête poursuivent un idéal, et c'est leur droit ; mais qu'importe pour vous cet idéal, puisqu'en le servant ils vous servent en même temps.

Des sociétés industrielles l'ont très bien compris.

La Société française de la Viscose subventionne la Société des Jardins Ouvriers de l'arrondissement de Dieppe ; c'est ainsi que les Etablissements Pascal-Valluit, à Vienne, subventionnent l'Œuvre viennoise des Jardins Ouvriers pour familles nombreuses, et que nous voyons la Compagnie du Chemin de fer d'Orléans — si admirable par l'ensemble de ses œuvres — subventionner les jardins ouvriers d'Orléans, de Blois et de Tours qui, de leur côté, concèdent des jardins aux agents du chemin de fer habitant la région, en les faisant bénéficier de tous les avantages qu'elles accordent à leurs adhérents.

Notons encore que les chemins de fer de l'Etat, outre leurs 14.000 jardins, dont 13.000 concédés gratuitement, ont loué à Bordeaux-Etat 4 hectares de terrain cultivable pour la somme de 147 francs — impôts compris — à la Société « Le Jardin du Cheminot Français ».

Dans tout ce qui précède, nous remarquons que les chefs d'industrie ont eu la sagesse de ne pas gérer administrativement leurs œuvres de jardins.

« Les œuvres sociales ne se gèrent pas administrativement, a dit M. Dautry dans le rapport, duquel nous avons fait mention plus haut, car il est à craindre que ceux en ayant la charge n'y donnent pas tout leur cœur et considèrent comme une corvée ce qui doit être un apostolat. »

S'il en est ainsi pour toutes les œuvres, permettez-moi d'ajouter que cela est surtout vrai pour les œuvres de jardins.

Voyons les choses telles qu'elles sont : « Les ouvriers ne sollicitent pas volontiers des conseils et ne souffriraient pas des ordres. »

Celui qui a pour mission de donner ces conseils, et au besoin ces ordres, doit le faire, avec assez de tact pour laisser croire qu'il suit quand en réalité il précède. Il doit être diplomate, mais aussi savoir prendre franchement ses responsabilités. La mission du chef est d'encourager et de récompenser ; le collaborateur doit remplir un rôle d'une modestie très agissante, et ce rôle ne s'improvise pas.

Est-ce à dire que les gens capables d'administrer comme il convient une œuvre de jardins industriels sont rares ?

Non. Les grandes administrations possèdent parmi leur personnel — parmi les petits surtout — des réserves d'énergie et de dévouement demandant à se manifester. C'est aux chefs à savoir les découvrir et les utiliser, en leur faisant confiance et en les traitant comme il convient.

*
* *

Quelle conclusion allons-nous tirer de ce qui précède ? Parmi les moyens que nous venons d'indiquer, quel est le meilleur ?

A mon humble avis, il serait bien difficile de le dire. Contentons-nous de constater que tous sont d'une réalisation très simple, et que tous donnent d'excellents résultats.

Si tous les chefs d'industrie n'ont pas le même tempérament, il faut bien reconnaître aussi que tous les ouvriers ne sont pas aussi foncièrement bons que nos chers mineurs, ni aussi disciplinés que les braves agents des Compagnies de chemins de fer. Il en est même qui sont très difficiles, car je dois croire un directeur d'œuvres très expérimenté de la région du Nord quand il écrit : « L'ouvrier ne s'adresse pas volontiers à son patron ; il veut la liberté. » Il n'est pas toujours facile de faire le bien, et, pour y parvenir, les moyens à employer doivent s'inspirer de bien des choses ; mais notre conviction personnelle est que toujours on peut y arriver à la condition de le vouloir.

Il est un point sur lequel tous les industriels sont d'accord : c'est sur le plaisir qu'éprouve l'ouvrier à disposer d'un coin de terre.

Tous consacrent aux travaux du jardin un temps plus long depuis la promulgation de la loi de huit heures et l'usage de plus en plus répandu de la semaine anglaise.

M. le Directeur des Fonderies de Brousseval nous signale que son personnel a été particulièrement heureux du rétablissement de l'heure d'été.

De son côté, M. le Directeur des Usines de Voiron (Isère) nous écrit : « L'application de la journée de huit heures et de la semaine anglaise a permis à notre personnel d'effectuer pendant la semaine les travaux agricoles qu'il réservait auparavant pour le dimanche matin. »

Nous avons fait cette même constatation chez nous.

Nous avons demandé si les bénéficiaires de jardins ouvriers cultivaient par agrément et par goût.

Les réponses diffèrent nettement.

« On emblave, et ça va normalement » là où les ouvriers sont livrés à eux-mêmes. « Ça va très bien, et nos jardiniers font de très jolies choses », sont unanimes à nous répondre les chefs d'industrie s'intéressant aux travaux de leur personnel.

Nous avons tous remarqué combien l'aspect des jardins des agents du chemin de fer a changé à partir du jour où les Compagnies ont eu l'heureuse idée d'établir des concours.

Les quelques photographies que j'ai pu me procurer vous font voir qu'il en est de même pour les jardins de nos mineurs.

« Le parterre fleuri qui orne l'entrée de la demeure démontre bien que le jardin n'est pas seulement le potager qui donnera la bonne soupe et où l'on ne voit qu'une question d'intérêt ; on y trouve également un plaisir, un délassement et une satisfaction morale », nous dit encore M. Hanra, en résumant d'une façon parfaite toutes les réponses à cette question.

Tous les chefs d'industrie sont unanimes à reconnaître l'utilité des jardins, au point de vue hygiène comme au point de vue bien-être de la famille.

Au sujet des rapports entre les chefs et le personnel, les avis varient un peu, mais tous reconnaissent que les ouvriers sont loin d'être indifférents aux sacrifices consentis pour l'amélioration de leur bien-être, et tous les chefs d'industrie qui, d'une manière ou d'une autre, ont favorisé le goût du jardinage, ne songent pas à regretter les quelques sacrifices consentis à cet effet.

Partout les jardins contribuent à stabiliser le personnel : un ouvrier y regarde à deux fois avant d'abandonner le coin de terre qu'il aime, sans compter une récolte qui est le fruit de son travail.

Ce n'est pas pour lui de l'asservissement, car — devant être impartial — je dois signaler que certaines réponses qui s'étaient égarées dans mon dossier permettent de supposer que des personnes de très bonne foi sont bien près de croire qu'il peut en être ainsi.

Oui, en donnant la disposition d'un jardin à son ouvrier, le patron fait d'abord une affaire. Raisonnablement, peut-on lui reprocher de rechercher, pour le plus grand bien de tous, en stabilisant son personnel, la diminution du prix de revient ?

Non, n'est-ce pas ?

Entre patrons et ouvriers, il y aura toujours des heurts. Le jardin tient son homme, il est vrai, mais il le met surtout à l'abri d'un coup de tête, le force à réfléchir, à mieux peser les choses et à permettre au temps de faire son œuvre d'apaisement.

Et puis, est-ce du patron lui-même que le plus souvent l'ouvrier a à se plaindre ? Non, ce sont des sous-ordres.

Quand l'ouvrier voit près de lui, semblant s'intéresser à ses travaux, prêt à causer, celui qu'on lui a dépeint comme « l'ennemi », « l'infâme capitaliste », il se dit : « Mais non, ce monsieur-là est un homme comme moi, ce n'est pas possible qu'il cache d'aussi noirs desseins » ; et quand, après quelques mots échangés, ils auront fait connaissance sur le terrain neutre des jardins ouvriers, quand son chef lui tendra la main, il sera prêt, lui, à lui tendre les bras.

Quand j'ai l'honneur d'accompagner M. Cuvelette dans ses visites aux jardins, je vois bien que l'accueil que lui font nos mineurs, leurs femmes et leurs enfants, n'est pas un accueil de commande, mais bien un accueil franchement cordial. Quand je revois ensuite ces braves gens, il leur arrive de m'arrêter pour me demander des détails et me dire très naïvement que leur grand chef est très simple et très bon, mais qu'il a un tort cependant, celui d'arriver toujours sans crier gare, ce qui empêche de prendre ses dispositions pour le recevoir.

Question d'intérêt ! me diront quelques esprits chagrins.

Non, Messieurs, les ouvriers sont capables de sentiments plus élevés. Non seulement ils sont sensibles aux témoignages de sympathie qui leur viennent de leurs chefs, mais encore il n'oublient pas. Les nôtres aiment M. Cuvelette, mais ils se souviennent des bienfaiteurs que la mort leur a ravis.

Au cours de notre dernière visite des jardins, le jury me demanda de me rendre, à un endroit qu'il désigna, dans notre cité de la fosse n° 4.

J'y vis un parterre ingénieusement composé sur lequel en lettres de fleurs se détachaient deux noms et une date : Reumaux — 1923 — Bollaert.

Ce n'est pas sans émotion que j'ai lu ces deux noms. La manière délicate avec laquelle l'auteur de ce monument du souvenir me parla des chers disparus me toucha plus encore.

Messieurs, je me suis promis de ne pas faire de sentiment et de vous parler des jardins de l'industrie comme on parle d'une affaire.

Pour nous résumer :

Constatons que tous les chefs d'industrie reconnaissent leur utilité.

Réjouissons-nous de voir ces jardins prendre une extension de plus en plus considérable.

Souhaitons maintenant que tous les chefs comprennent bien qu'il ne suffit pas de donner un coin de terre à l'ouvrier. Pour que « l'affaire » donne son maximum de rendement, il importe que l'ouvrier jardine par goût et par plaisir, que les jardins soient un lieu de rencontres amicales entre employeurs et employés ; les derniers récolteront des légumes, des fleurs, des fruits, sans compter de grandes satisfactions morales ; les chefs récolteront la paix, l'affection et la reconnaissance des humbles, trois trésors que ni les cours ni le change ne sauraient influencer.

M. JAVARY. — Au nom de tous les membres du Congrès, je remercie M. Choquet de ce rapport lumineux et substantiel où il a su mettre de l'âme. Avec lui, je remercie M. Cuvelette, l'inspirateur de tout le bien qui se fait à Lens. Je crois être l'interprète du sentiment commun en élevant cet hommage jusqu'à la mémoire de M. Reumaux, de ce grand et brave homme dont l'âme se survit dans les continuateurs de son œuvre.

Ce rapport, juste et documenté, servira d'exemple.

Il démontre bien la supériorité du jardin attenant à la maison sur celui qui en est éloigné.

Mais, en écoutant la nomenclature de M. Choquet, j'ai regretté que dans beaucoup d'œuvres la superficie du terrain mis à la disposition de l'ouvrier soit limitée à 2 ou 3 ares. A mon avis, il faut aller plus loin: il faut donner 6 ares. Défalcation faite des chemins, il reste environ

4 ares 1/2 au travail de la bêche. Avec la limitation actuelle des heures de travail, l'homme peut, l'expérience le prouve, utiliser ces 4 ares 1/2 sans qu'aucune parcelle en reste inculte. Cette surface suffit à produire les légumes de consommation courante pour une famille de quatre à cinq personnes durant la saison d'été. Mais elle y suffit tout juste. Pour obtenir en outre la provision d'hiver, il faut y adjoindre — à quelque distance au besoin — un autre terrain où l'ouvrier fera ses pommes de terre, carottes, etc...

Je propose donc au Congrès d'émettre le vœu que, dans toute la mesure où les circonstances le permettent, le jardin soit : 1° attenant à la maison ; 2° d'une surface de 4 ares 1/2 environ.

M. LEMIRE. — Là où l'espace limité ne permet pas de donner cette surface attenante à la maison, on pourrait donner un complément de terrain à distance.

M. JAVARY. — Assurément.

M. HANRA. — Il faut aussi faire en sorte que l'ouvrier s'intéresse à ce terrain qui lui est confié et qu'il sache en tirer parti.

M. JAVARY. — Sans nul doute, les encouragements et les conseils peuvent être utiles. Mais le plus souvent le goût du jardinage s'éveille de lui-même, par le seul contact avec la nature. De même qu'il suffit, dit-on, grâce à l'admirable instinct maternel, de placer le poupon à côté de la jeune mère pour faire monter le lait, de même il suffit la plupart du temps de mettre l'homme en face d'un morceau de terre pour éveiller en lui l'amour et le zèle de la culture.

Et puis, il y a l'exemple du voisin ! Le jardin n'est pas seulement une école de prévoyance, qui apprend à ménager et à coordonner ses efforts ; il est aussi une école de solidarité et d'entr'aide ; il crée une saine émulation. Quelques petits clos, par leur belle culture, servent d'exemple : forcément, ils entraînent les autres.

L'ouvrier se prend d'amour pour son coin de terre. Il y consacre tous ses loisirs, il y travaille au retour de l'atelier jusqu'à la dernière lueur du jour, ayant pris soin de réserver pour ce moment les tâches moins délicates, afin de les prolonger jusqu'à l'extrême limite.

Car cette heure du soir est vraiment l'heure du jardin. Qu'on ne parle pas du travail du matin : le matin, il y a la cloche, l'ouvrier est proccupé de ne pas manquer l'entrée de l'atelier, il est tendu, il est nerveux... Mais le soir, il n'y a pas de cloche ; le soir, on travaille à l'aise.

M. Lemire. — Il faut donc que nous maintenions l'heure d'été, Monsieur le Président ?

M. Javary. — Le maintien de l'heure d'été est assurément de première importance pour la vitalité des jardins ouvriers.

Durant les longues soirées, on travaille en famille. En effet, la culture de ces 400 à 500 mètres de terrain réclamant tout l'effort qu'un homme peut donner, son esprit n'est plus tenté de vagabonder au dehors. Tout naturellement, il appelle autour de lui sa femme et ses enfants pour l'aider. Ainsi s'acquiert la notion du travail en commun. ainsi se resserre la vie familiale.

· Mais je dois donner la parole à M. Hanra, que nous serons heureux d'entendre exposer ce qu'il a fait à Mancieulles.

Communication de M. Gabriel Hanra,

Directeur de la Société des Mines de Saint-Pierremont,
à Mancieulles.

Il est difficile de concevoir une cité ouvrière moderne sans ce petit coin de terre aménagé que l'on dénomme communément Jardin Ouvrier.

C'est lui qui fait le charme des heures de loisir, les délices de la table ; on y trouve la santé, la beauté du travail libre, la douceur des joies familiales.

Devant ces avantages physiques et moraux, aucun chef d'industrie n'a reculé et chaque exploitation est maintenant dotée de Jardins Ouvriers.

Le début est parfait. Les jardins sont créés autour des habitations. Ils sont concédés au personnel au fur et à mesure des admissions. A ce moment, le rôle de l'industriel est-il terminé ? Doit-on laisser l'ouvrier sans guide dans l'exécution d'un travail dont il ignore, quelquefois, la moindre notion ? Ne doit-on pas lui démontrer quels avantages il peut tirer de ce petit lopin de terre ? Ne doit-on pas encourager la culture par des concours et des visites ? Ne doit-on pas aider à l'approvisionnement en engrais appropriés, en replants, en semences, etc... ?

A ce sujet, il m'est fort agréable de vous donner quelques renseignements sur l'organisation, le fonctionnement et les résultats obtenus par notre œuvre des Jardins Ouvriers de Mancieulles.

Au revers d'un coteau exposé au soleil levant, situé à environ 200 mètres de la mine, nos cités ouvrières se détachent toutes blanches au milieu des jardins et de la verdure, présentant un aspect gai et agréable. Les maisons des cités, disposées en quinconces, s'étagent harmonieusement comme autant de petites villes coquettes et élégantes dans leur simplicité, rappelant par certains côtés des agglomérations vosgiennes ou suisses, comme nous le disait dernièrement un des délégués de la Société centrale d'Horticulture de Nancy, venu à l'occasion du concours annuel de nos jardins.

Cinq grandes avenues longitudinales, distantes de 50 mètres, coupées tous les 150 mètres par des avenues latérales de pentes plus accentuées, découpent l'ensemble des cités en de vastes surfaces rectangulaires.

Ces avenues sont plantées d'acacias qui étalent de point en point leurs panaches et ombragent la route.

Chaque habitation (la cité en comprend actuellement 318) est dotée d'un jardin d'une contenance moyenne de 2 ares 1/2, situé soit sur le côté, soit sur l'arrière de la maison. C'est le potager où la maîtresse de maison vient puiser, à chaque instant, les légumes qui lui sont nécessaires.

La distribution d'eau, qui alimente chaque habitation, permet au moment des sécheresses de donner la fraîcheur nécessaire aux jardins.

Une partie réservée à l'agrément, forme devant le logis, un parterre fleuri qui ne manque pas d'élégance pendant la belle saison.

Toutes ces parcelles sont bordées de haies d'aubépine délimitant les cultures de chacun.

En plus de ces jardins attenants à la maison, la Société minière cède pour quelques francs, aux ouvriers qui en font la demande, des terrains pour la grosse culture (pommes de terre, haricots, choux, etc., etc.). C'est ainsi que, depuis l'an dernier, vingt-six parcelles d'une contenance de 4 ares ont été créées et sont en plein rapport. Elles sont venues s'ajouter à celles déjà existantes, et la surface ainsi occupée représente environ 1 hectare 5.

Pour revenir au jardin proprement dit, chaque nouvel occupant ne trouve pas sa parcelle nue ni en friche. Les jardins libres sont cultivés par la Société, qui y fait planter de gros légumes dont elle assure la vente à la Société coopérative de la Mine. De plus, des arbres fruitiers (un pommier, un cerisier, un prunier, deux poiriers, deux groseillers) forment un agréable décor du jardin, joignant l'utile au nécessaire, au grand profit de la famille tout entière.

Le sol seul reste donc à cultiver, et chacun s'y emploie de son mieux.

Tout le monde peut bien faire, grâce à l'exemple d'un jardin-type, destiné à guider les ouvriers ignorant la pratique du jardinage. Ce jardin, d'une surface approximativement égale au leur, bordé identiquement par une haie d'aubépines, cultivé dans les mêmes conditions, pourvu d'une même plantation fruitière, où l'on ne voit que des légumes courants, est établi à l'entrée des cités ; il est muni de tous les accessoires du jardin familial (tonnelle avec banc de repos, massif fleuri au milieu de l'allée centrale, couche avec châssis pour préparation du jeune replant). Placé au carrefour des deux rues les plus fréquentées, il est constamment sous les yeux de ceux qui veulent voir et constitue une leçon permanente, qui parle mieux par l'exemple que le meilleur des orateurs.

Pour qu'il soit facile de suivre les travaux exécutés, chaque planche porte un numéro qui correspond à un plan affiché à la porte du jardin indiquant les sortes de légumes, l'époque du semis ou de la plantation et les exigences particulières de chaque espèce.

Des causeries mensuelles, faites par le jardinier de la Société, ancien élève de l'Ecole d'Agriculture de Versailles, et dont le programme est bien étudié pour répondre aux besoins de la région, viennent commenter cette énonciation de travaux et achèvent d'initier toutes les bonnes volontés à l'art de choisir, d'alterner, d'intercaler les cultures.

Les produits récoltés dans ce jardin sont, ainsi que nous l'avons déjà précisé, vendus à la Société coopérative de la Mine, au profit de son entretien, et le résultat porté à la connaissance de tous.

En 1921, le produit des légumes du jardin-type, cédé à un prix fort raisonnable est monté à *415 francs*, constituant ainsi une belle illustration des avantages qu'apporte dans un ménage le jardin familial, par ces temps de vie chère.

A côté de l'exemple du jardin-type, la distribution de brochures : guides pratiques du jardinage, notices concernant la culture de plantes trop peu connues et à recommander, se fait gracieusement au début de chaque année (tétragones remplaçant avantageusement les épinards, salade feuille de chêne, etc...).

Des graines de choix, des replants provenant de

l'Administration de la Mine, de la Société d'Horticulture, de l'Office agricole de Meurthe-et-Moselle, sont distribués à titre d'encouragement à la suite des causeries mensuelles ; d'autre part, la Société coopérative possède toute la série des graines de choix recommandables pour la région ; il est donc facile de s'y approvisionner à un prix abordable.

Pour aider à l'approvisionnement en fumier, de plus en plus rare dans nos régions, l'administration de la Mine se charge de l'achat par wagon et assure la répartition entre les ouvriers qui en font la demande au prix de revient.

L'apport des engrais chimiques est entièrement à la charge de la Société, qui en fait une distribution gratuite ; chaque jardin reçoit ainsi, annuellement, 20 kilogrammes de scories de déphosphoration et 5 kilogrammes de sulfate d'ammoniaque.

Ajoutons que, fréquemment, le jardinier de la Société passe dans les jardins et donne aux intéressés tous les renseignements et conseils dont il peuvent avoir besoin.

Devant tous ces encouragements, qui ont pour but d'inciter les mineurs, les ouvriers et les employés à cultiver davantage (ils aiment tant que l'on s'occupe d'eux !), une sorte d'émulation règne entre eux tous, et il est vraiment intéressant de voir les produits remarquables qu'ils obtiennent. C'est à qui aura le plus beau jardin.

En 1921, un lot collectif fut présenté, à Metz, à l'Exposition organisée par la Société d'Horticulture de la Moselle et fut récompensé par une médaille d'argent offerte par le ministre de l'Agriculture.

En 1922, un autre lot collectif recevait, à Metz également, une prime de première classe du Comice agricole de la Moselle et une médaille de vermeil de la

Société d'Horticulture, premier prix de la catégorie « Jardins Ouvriers » avec la mention suivante, extraite du journal *Le Messin* : « Le lot des Jardins ouvriers de Manceulles a été tout particulièrement remarqué, les légumes qu'il contenait étaient de toute beauté et en tous points comparables à ceux obtenus dans le marais le plus fertile de notre banlieue. »

Un peu plus tard, fin octobre, à l'exposition organisée par la Société centrale d'Horticulture de Nancy, une médaille d'argent offerte par le ministre de l'Agriculture couronnait les efforts de nos braves jardiniers, dont la présentation annonçait une abondante récolte en prévision de l'hiver.

En dehors de ces récompenses collectives, dont chacun est fier de posséder une part, des prix individuels viennent également récompenser les efforts personnels les plus méritants : médailles de vermeil, argent, bronze, diplômes, prime en argent, ont été distribués à la suite du concours organisé dans nos cités par la Société d'Horticulture de Nancy, concours qui a lieu chaque année vers le milieu de l'été.

Ajoutons, pour terminer ce qui a trait à notre organisation, l'adjonction à l'école ménagère, déjà existante depuis quelques années, de la culture d'un jardin scolaire, où les jeunes élèves apprennent à produire les légumes qu'elles savent si bien, après la récolte, accommoder et rendre économiques et savoureux.

Devant ces résultats, nous dirons en conclusion que le bon fonctionnement des jardins ouvriers de nos usines dépend de l'activité avec laquelle ils sont encouragés, qu'il ne s'agit pas seulement de donner un terrain sans aider à sa culture, *mais qu'il est indispensable de s'y intéresser.*

Puissent ces idées être suivies dans toute la région industrielle, puissent de telles œuvres s'organiser et se développer partout où la loi de huit heures est appliquée ! Elles constituent un facteur important de prospérité, une source accessoire de richesse aussi peu négligeable que l'est dans l'industrie l'utilisation des sous-produits et la récupération des forces non utilisées. Et si je reprends quelques mots d'un discours prononcé à la suite d'une de ces expositions d'Horticulture citées plus haut, je dirai que le travail de l'atelier ou de la mine et celui des champs se complètent si bien, qu'il n'est pas seulement nécessaire de les mettre en harmonie dans une région ou un pays qui veulent vivre indépendants, mais qu'il est indispensable de les réunir dans le détail et pour chaque individu, afin de jeter les bases solides d'une régénération physique et d'une reconstitution agricole, industrielle et sociale.

M. L'ABBÉ LEMIRE. — En félicitant très cordialement M. Hanra de l'œuvre si complète et si parfaitement comprise, qu'il a réalisée à Mancieulles, je demande à élargir ces félicitations pour les adresser au nom du Congrès à tous les industriels qui ont créé des Jardins pour leurs ouvriers, en émettant le vœu que leur exemple soit imité par tous les industriels de France.

M. JAVARY. — Volontiers, je proposerais au Congrès de résumer en quelques formules les observations qui résultent de l'échange de vues qui vient d'avoir lieu.

Les industriels qui ont fait l'expérience des Jardins Ouvriers en ont retiré des avantages certains, c'est un fait. Ils ont reconnu que le jardin procure une élévation morale et sociale de l'ouvrier en même temps qu'une amélioration dans ses conditions matérielles d'existence : le Congrès pourrait utilement le constater.

Il pourrait en outre appeler l'attention sur la supériorité du jardin accolé au logement et sur l'utilité de donner autant que possible au jardin une surface de 4 à 5 ares, à la fois pour utiliser pleinement les loisirs de l'ouvrier, pour suffire à la production de tous les légumes frais consommés par la famille et pour resserrer ladite famille en appelant la collaboration continue de la femme et des enfants avec le chef.

Il devrait enfin rappeler que l'institution de l'heure d'été est la condition nécessaire du succès du jardin ouvrier ainsi conçu et de son plein rendement matériel et moral.

M. HANRA. — Je crois qu'il serait bon d'insister sur les avantages considérables qui résultent pour l'industrie elle-même de la création de jardins ouvriers : rendement meilleur du personnel, fixation de la main-d'œuvre, etc.

M. DEWAVRIN. — Croyez-vous que ceci soit bien utile à dire? On aura tôt fait de prétendre que les Jardins Ouvriers n'ont pas d'autre but et de jeter la suspicion sur nos Œuvres elles-mêmes ! On a déjà tenté plus d'une fois de le faire. Il est si facile d'isoler une phrase et de s'en servir pour prétendre que c'est l'intérêt qui nous guide !

M. HANRA. — Le Congrès s'adresse surtout aux industriels. Pour les inciter à faire des jardins en faveur de leur personnel, je crois qu'il est bon de leur dire ce qui est vrai : c'est qu'il y a intérêt des deux parts.

M. DEWAVRIN. — Pourquoi parler d'intérêt ? Ne suffit-il pas que le Congrès signale aux industriels les bienfaits hygiéniques, moraux et sociaux qui résultent des Jardins Ouvriers ?

M. LOUIS OLIVIER, *président de la Protection Mutuelle des Employés et Ouvriers des Chemins de fer.* — Je ne suis ni industriel ni patron, et c'est à titre de cheminot, c'est-à-dire de simple travailleur, que j'interviens dans le débat. J'avoue que pour mon compte je n'arrive pas à voir comment il pourrait y avoir un danger quelconque à signaler l'intérêt matériel que les industriels peuvent retirer de la concession de jardins ouvriers à leur personnel. Vous dites bien aux travailleurs qu'ils ont un intérêt non seulement moral, mais encore matériel à cultiver un jardin : pourquoi ne tiendriez-vous pas le même langage aux patrons, en ce qui concerne la concession de ces jardins ?

A l'heure actuelle, en raison de l'état financier du pays, les ouvriers ne peuvent arriver seuls à la création de maisons individuelles avec jardins ; il faut que les patrons interviennent. Or, tous ne sont pas animés de la générosité et de la largeur de vues dont font preuve ceux qui prennent part à ce Congrès. Beaucoup ne voient que la question intérêt et ne « marcheront » (pardonnez-moi cette expression), que si leur intérêt peut en bénéficier. Pourquoi ne pas leur dire, puisque c'est vrai, qu'ils trouveront un avantage matériel à la multiplication des habitations et des jardins ouvriers et qu'ils en bénéficieront en même temps au point de vue moral ? — Je crois très utile que ceci soit mentionné dans l'ordre du jour du Congrès.

M. L'ABBÉ LEMIRE. — Je crois très juste l'observation de M. Olivier. Il y a longtemps que Cicéron l'a dit : l'honnête et l'utile finissent toujours par s'accorder. Concilier l'intérêt et la vertu, c'est tout le problème social. Quand cette conciliation est possible, et qu'elle est réelle, pourquoi ne serions-nous pas heureux de le mentionner ?

M. L'ABBÉ DELSOR. — Je crois que le Congrès est unanime à reconnaître le bien fondé de ces diverses observations et à faire confiance au bureau pour la rédaction d'une formule qui les concilie de façon à en faire la base et le point de départ des vœux proposés par M. Javary.

M. AIGUIER. — Le Congrès ne pourrait-il ajouter le vœu que les Sociétés industrielles qui créent des Jardins Ouvriers adhèrent à la Ligue du Coin de Terre et ne se bornent pas à cette adhésion de principe, mais qu'elles invitent leurs œuvres locales à entrer en rapport avec les organisations régionales de la Ligue, partout où elles sont constituées ?

L'ensemble des vœux, mis aux voix, est adopté à l'unanimité.

M. L'ABBÉ LEMIRE. — Avant de clore cette séance, je demande au Congrès de me permettre d'adresser ici, au nom de la Ligue du Coin de Terre et du Foyer, des félicitations à tous les industriels qui ont créé des Jardins pour leurs ouvriers et des remerciements sincères à tous ceux qui ont bien voulu répondre à notre appel et nous adresser des rapports sur ce qu'ils ont fait. Nous souhaitons que les liens ainsi établis soient durables. Notre Ligue du Coin de Terre, fédération nationale des Jardins Ouvriers, est et doit être, en effet, de plus en plus le trait d'union entre tous les industriels créateurs de Jardins. Faite pour promouvoir partout les Jardins Ouvriers, elle demeure au service de tous pour aider, encourager, faire connaître leurs initiatives, en vue de leur susciter des imitateurs dans toute la France.

M. JAVARY. — Je propose de répondre par acclamation à l'appel de cet homme admirable qui s'est fait dans notre pays l'inlassable pionnier du progrès social par la terre.

M. L'ABBÉ LEMIRE. — Apôtre ou pionnier, c'est mon rôle, et c'est mon devoir. Mais je prêcherais dans le désert sans les réalisateurs qui m'entourent. Je prie donc le Congrès de s'unir à moi pour remercier ceux qui viennent de nous apporter de si magnifiques exemples : M. Javary, et avec lui son lieutenant, M. Dautry, qui représentent ici le puissant effort de nos grandes Compagnies de Chemins de fer ; — M. Choquet, et par lui son directeur, M. Cuvelette, en qui j'aime à saluer les belles réalisations de nos grandes sociétés minières du Nord et du Pas-de-Calais ; — M. Gabriel Hanra, en qui je me plais à voir l'interprète de tous ces grands industriels de la région de l'Est qui ont apporté à notre Congrès une si cordiale et si généreuse adhésion.

Si ces exemples sont suivis, quelle ample moisson de bien la Ligue pourra recueillir, et quelle joie pour son Bulletin de l'enregistrer !

VŒUX ÉMIS PAR LE CONGRÈS
EN CONCLUSION DE LA DEUXIÈME SÉANCE

Les Jardins Ouvriers et l'Industrie

Le Congrès, constatant que l'institution des Jardins Ouvriers entraîne, ainsi qu'en témoignent les industries qui en ont fait l'expérience, une élévation morale et sociale de l'ouvrier en même temps qu'un bienfait précieux pour la famille, et reconnaissant d'autre part les avantages qui en résultent pour le bon fonctionnement de l'industrie elle-même, émet les vœux suivants :

Premier vœu.

Que toutes les sociétés industrielles et toutes les grandes entreprises qui ont organisé des jardins ouvriers pour leur personnel en soient félicitées, et que celles qui n'en ont pas encore créé soient invitées à le faire.

Deuxième vœu.

Que le terrain mis à la disposition de l'ouvrier soit autant que possible attenant à la maison, au moins pour une part, et que la surface attribuée ne soit pas inférieure à 400 à 500 mètres carrés, de façon à offrir aux loisirs de l'ouvrier une occupation suffisante et à assurer la plus grande part de l'alimentation familiale.

Troisième vœu.

Que pour assurer la bonne culture et la réelle jouissance du jardin, l'heure d'été, propice au travail durable et aux réunions de famille, soit maintenue.

Quatrième vœu.

Que les sociétés industrielles qui ont souscrit au Congrès en soient remerciées et soient invitées à adhérer à la Ligue du Coin de Terre et du Foyer, fédération des Jardins Ouvriers de France, que son action passée et son organisation présente désigne comme trait d'union entre tous les industriels créateurs de Jardins Ouvriers, en vue de la multiplication et du perfectionnement de leurs intitiatives.

Cinquième vœu.

Que les divers établissements locaux des grandes sociétés industrielles soient invités par elles à adhérer aux groupements régionaux de la Fédération partout où ils sont constitués.

RECEPTION A L'HOTEL DE VILLE
DE STRASBOURG

A 11 h. 1/2, les congressistes se rendent à l'invitation qui leur a été faite par la Municipalité.

Dans l'harmonieux décor de·cet Hôtel de Ville où la vieille France a laissé sa noble et charmante empreinte, en dépit de la domination allemande, un vin d'honneur — un vin doré d'Alsace qui pétille dans les verres — est offert aux congressistes,

M. Peirotes, maire de Strasbourg, les salue en ces termes :

« Mesdames,
« Messieurs,

« J'ai déjà eu l'honneur de vous souhaiter la bienvenue à Strasbourg. Aujourd'hui je vous dis : soyez les bienvenus dans notre Hôtel de Ville, et je vous remercie de vous être rendus en si grand nombre à l'invitation de la ,Municipalité, qui est heureuse et fière de vous offrir l'hospitalité.

« La ville de Strasbourg a depuis de longues années déjà apporté une sollicitude toute spéciale à l'Œuvre des Jardins Ouvriers, parce qu'elle y a vu, comme vous, un puissant agent de préservation sociale. La création de cette œuvre est due chez nous à l'initiative d'un philanthrope strasbourgeois, le docteur Garcin, qui de bonne heure avait reconnu l'influence avantageuse des Jardins Ouvriers sur la vie de famille. C'est sur ses conseils qu'en 1908 l'administration de l'Assistance publique aménagea un certain nombre de jardins, d'abord uniquement réservés aux familles assistées.

« Après la mort de ce philanthrope, M. le Dr Belin vous l'a dit, la Société d'Hygiène reprit son idée et chercha à la réaliser également au profit de familles non assistées. Elle sollicita l'appui de la Municipalité et obtint en 1912 la cession d'un grand terrain dans la banlieue de Strasbourg.

« En peu d'années, des jardins furent aménagés en grand nombre à proximité de la ville : sur le total de 159 hectares en exploitation aujourd'hui, elle est propriétaire de 121 hectares, qu'elle loue, moyennant un fermage modique, de préférence à la population ouvrière et aux familles nombreuses.

« Appréciant la valeur sociale et économique des Jardins Ouvriers, l'Administration municipale a créé, en 1919, un Office spécial chargé du service des Jardins Ouvriers municipaux.

« Les nombreuses demandes de renseignements que nous recevons de toutes parts — même de l'étranger — de municipalités et de corporations désireuses de connaître nos méthodes, démontrent combien l'organisation des Jardins Ouvriers strasbourgeois est réputée et appréciée.

« Je n'ai pas besoin de vous dire que c'est surtout pendant la guerre mondiale que nous avons ressenti le plus les effets bienfaisants de l'Œuvre.

« De 1914 à 1918 inclusivement, 4919 fermiers, dont les familles comptaient 24.395 membres, ont labouré, ensemencé, cultivé 147 hectares 1/2 de jardins qui leur ont fourni des aliments d'une valeur totale de 3.420.650 francs, ce qui représente un rendement annuel d'environ 700.000 francs pour 30 hectares d'exploitation.

« Ces chiffres, Mesdames et Messieurs, ont une certaine éloquence : ils prouvent que non seulement nos jardins populaires ont fait leur preuve au point de vue hygiénique et moral, mais qu'ils sont d'une inestimable valeur économique, surtout pendant les périodes difficiles.

« Depuis l'armistice, l'expérience acquise a encore favorisé le développement de nos jardins, et c'est ainsi qu'en 1922 — le chiffre vous a déjà été indiqué — la Ville a pu mettre en location environ 121 hectares, dont le revenu annuel s'est élevé à 2.700.000 francs en chiffres ronds.

« Malheureusement, la pénurie de logements à Strasbourg, comme dans d'autres villes de France, se fait cruellement sentir : il faut construire et encourager à la construction.

« Nous aurions voulu maintenir tous les jardins et même leur donner plus d'extension. A notre grand regret, et précisément pour favoriser la construction d'une vaste cité d'habitations à bon marché, nous avons dû supprimer tout un bloc de jardins ouvriers ; mais les locataires atteints par cette mesure de nécessité urgente seront dédommagés, en ce sens que d'autres parcelles leur seront attribuées.

« Comme par le passé, l'Administration municipale fera son possible pour favoriser le développement d'une Œuvre qui peut être qualifiée d'utilité générale et qui a produit de si beaux résultats. Et personnellement je ferai de mon mieux pour encourager tous ceux qui veulent y participer et pour leur procurer les moyens de le faire.

« De toute façon, soyez persuadés que vos frères de Strasbourg seront toujours avec vous et de tout cœur pour soutenir l'œuvre méritoire à laquelle vous vous consacrez dans l'intérêt de la Patrie tout entière.

« Je lève mon verre, Mesdames et Messieurs, en l'honneur du Congrès national des Jardins Ouvriers de France ! »

M. l'abbé Lemire répond au nom des congressistes en félicitant la Municipalité de Strasbourg de la vive impulsion et de l'organisation remarquable qu'elle a donnée à l'Œuvre des Jardins Ouvriers et en exprimant le vœu qu'à son exemple toutes les municipalités de France aient soin de tenir en réserve des terrains d'utilité sociale pour les mettre à la disposition de tous ceux qui ne seront jamais propriétaires.

« Jardins Ouvriers des Œuvres privées, Jardins Ouvriers de l'industrie, Jardins Ouvriers municipaux, sous ces formes variées, ajoute-t-il, nous tendons au même but : assurer à la plus humble famille la jouissance d'un coin de terre sous le ciel de la patrie.

« C'est parce que nous savions que nulle part notre appel ne serait mieux compris qu'à Strasbourg, que de nulle part il ne serait mieux entendu par la France entière, que nous avons voulu tenir dans votre ville notre sixième Congrès national.

« Je lève mon verre à la gloire de Strasbourg, à la prospérité de l'Alsace, votre petite patrie désormais rattachée à la grande. »

« Et moi, dit M. Javary, reçu officiellement pour la première fois à l'Hôtel de Ville de Strasbourg, je ne puis contenir l'émotion qui m'étreint. Permettez-moi, Monsieur le Maire, de vous donner l'accolade. »

Le geste de M. Javary est imité par l'abbé Lemire. L'émotion est grande. Tous les verres se lèvent à l'honneur de Strasbourg, et de l'Alsace réunie à la France.

A l'issue de la réception, les congressistes sont invités à apposer leur signature au Livre d'or de la Ville de Strasbourg.

A midi et demi, tous les présidents et rapporteurs du Congrès se trouvaient réunis à la table hospitalière de M. le Commissaire général Alapetite.

Tout en échangeant leurs impressions, ils reposaient leurs yeux sur les magnifiques tapisseries des Gobelins, revenues du Garde-Meuble, sur les portraits des vieux maréchaux rendus à l'Alsace, comme s'il n'y eût eu nulle déchirure entre l'histoire du passé et celle d'aujourd'hui, entre l'art de la vieille France et la vie du Strasbourg moderne. Les congressistes du Nord, contemplant en face d'eux la fière image du maréchal Rantzau, qui reçut à la guerre soixante blessures, qui perdit un œil, une jambe, une main, et dont on a pu dire qu'il ne lui était rien demeuré d'entier que le cœur, se souvenaient qu'il fut le gouverneur de Dunkerque et que ce fut lui qui conquit toute la Flandre à la France.

Ce rattachement du passé au présent les avait· tous émus.

Sur la terre d'Alsace, la vieille France souriait à la France d'aujourd'hui.

TROISIÈME SÉANCE

Les Jardins Ouvriers et les Pouvoirs Publics

Présidence de M. STRAUSS
Ministre de l'Hygiène et de la Prévoyance sociales

Avant l'ouverture de la séance, M. l'abbé Lemire invite M. Strauss à considérer l'exposition des tableaux, plans, photographies et graphiques des Jardins Ouvriers qui décorent le pourtour de la salle.

Œuvres anciennes, œuvres nouvelles, venues de tous les coins de France, fraternisent. Chaque groupe a son intérêt spécial et sa physionomie propre. Strasbourg, Metz, Mancieulles, Reims, Tourcoing, Paris et toute sa région, présentent leurs jardins sous les formes les plus variées.

L'exposition de la Société des Mines de Lens, qui couvre une surface de quatre mètres carrés, retient particulièrement l'attention. A côté des photographies qui permettent d'admirer de véritables merveilles de cultures dues aux mineurs-jardiniers, quatre plans de jardins scolaires de filles, quatre plans de jardins scolaires de garçons, les uns et les autres parfaitement compris ; puis toute une série d'affiches humoristiques qui présentent, sous une forme amusante et pittoresque, de sages leçons de culture ; enfin les excellents volumes de M. Choquet, *le Jardin du Mineur* et le *Petit Mineur-Jardinier*, forment un ensemble tout à fait suggestif bien fait pour inspirer les initiatives.

Cette visite achevée, M. l'abbé Lemire invite M. Strauss à monter sur l'estrade, où prennent place à ses côtés, avec les membres du bureau, M. Alapetite, commissaire général de la République, M. le préfet Borromée, M. le général Lebas, M. le Dr Burguburu, président de l'Œuvre des Jardins Ouvriers de Strasbourg, et M. Demolon, président du Coin de Terre de Cambrai.

M. Alapetite devait présider la séance. Mais, en raison de la présence à Strasbourg de M. Strauss, venu pour présider à l'ouverture du Congrès d'Hygiène et à la distribution des récompenses de l'Exposition Pasteur, il avait exprimé très délicatement le désir de céder la place au Ministre, qui avait bien voulu l'accepter.

L'abbé Lemire remercie M. Strauss de cette nouvelle marque de sa bienveillance à l'égard d'une œuvre dont sa haute expérience sociale a reconnu dès longtemps l'utilité : n'est-ce pas à son initiative qu'est due l'adjonction, dans la loi Ribot, du jardin à la maison ? et n'a-t-il pas prouvé depuis qu'il est au ministère quel large concours il savait apporter à l'initiative privée toutes les fois qu'il la juge utile au bien de l'Etat ?

Allocution de M. Strauss

Je tiens à remercier tout d'abord M. Alapetite, qui a voulu s'effacer pour me permettre d'entrer aujourd'hui en contact plus intime avec cette Œuvre des Jardins Ouvriers, si attrayante et si bonne, et avec son éminent président M. l'abbé Lemire : depuis de si longues années déjà, nous sommes habitués à collaborer sur le terrain de toutes les initiatives qui ont pour but l'hygiène et le salut de la famille ! Heureux pour ma part de marcher dans une voie ouverte par des promoteurs tels que lui, tels que les Ribot, les Cheysson, les Georges-Picot, les Siegfried.

Des résultats ont été obtenus ; nous avons maintenant à redoubler de persévérance et d'ingéniosité pour en obtenir de nouveaux, pour que des œuvres telles que la vôtre intensifient leur action et accroissent leur rendement.

C'est pourquoi, d'accord avec les membres du Gouvernement, je suis prêt à étudier avec la plus grande attention toutes les propositions et les vœux issus de ce Congrès.

Nous ne sommes, en effet, qu'au point de départ.

En 1906, la seconde loi sur les Habitations à bon marché, dont j'eus l'honneur d'être le rapporteur, ainsi que votre Président voulait bien le rappeler tout à l'heure, sanctionnait l'assimilation des Jardins Ouvriers aux Habitations à bon marché et leur permettait de bénéficier des mêmes avantages. C'étaient des possibilités ouvertes. Il doit y en avoir d'autres.

Hygiène, prévoyance, mutualité, ne sont-elles point du même domaine social ?

Nous avons à souder l'action du Crédit Immobilier à celle du Crédit agricole, à créer un pont entre des œuvres similaires, qui ne se prêtent pas toujours un concours suffisant.

Les patrons peuvent beaucoup, et déjà ils font beaucoup. Les sociétés de secours mutuels doivent aussi entrer dans cette voie. Il faut que se créent nombreux des jardins mutualistes comme des jardins industriels, des jardins municipaux comme des jardins coopératifs.

Grâce à l'ardeur d'apôtre de l'abbé Lemire, grâce à l'emploi de tous les moyens de propagande, par la parole et par la plume, par la presse, par le cinéma éducateur, cette Œuvre des Jardins Ouvriers doit être partout mieux connue et mieux comprise, et cela dans les campagnes aussi bien que dans les villes.

Nulle n'est mieux faite pour grouper tous les citoyens, sans distinction d'opinion, de croyance, de tendances, car elle appartient à un domaine où il n'y a, où il ne peut y avoir aucune divergence. Pour cette tâche de salut qui consiste à lutter contre l'alcoolisme, la tuberculose, la mortalité infantile, la dégénérescence sous toutes ces formes, nous sommes tous d'accord.

Certes, tous les efforts qui ont pour but l'hygiène sociale ont même intérêt parce qu'ils collaborent au même but. Mais de toutes les manifestations de prévoyance, de solidarité et de bonté, celle qui consiste à répandre le Jardin Ouvrier, qui est, comme disait Jules Siegfried, « l'antichambre de la maison familiale », doit être au premier rang des œuvres qu'encouragent les pouvoirs publics.

Je tiens donc à vous dire que je suis prêt à étudier avec la plus grande attention les vœux de votre Congrès, certain d'y recueillir des enseignements profitables pour le développement de l'hygiène sociale, morale, familiale. Ce faisant, nous faisons la meilleure œuvre pour la France et la République, et nous ne pouvons la faire d'une façon plus heureuse et plus juste qu'à Strasbourg.

La parole est à M. Paul Bacquet, président du Coin de Terre de Boulogne-sur-Mer et de la Fédération des Jardins Ouvriers du Nord maritime, pour son rapport.

Rapport de M. Paul Bacquet
sur les Jardins Ouvriers et les Pouvoirs publics

Monsieur le Ministre,
Monsieur le Commissaire général de la République,
Mesdames, Messieurs,

Dans l'exposé de la question mise à l'ordre du jour de cette séance, — et dont la bienveillance de M. l'abbé Lemire m'a confié le rapport, — je m'efforcerai d'être compendieux, au vrai sens du mot, c'est-à-dire complet, précis et bref, afin que la discussion qui suivra ait toute l'ampleur utile pour mettre au point des problèmes qui intéressent toutes les œuvres de Jardins Ouvriers et qui sont d'une importance vitale pour les plus anciennes, les plus vivantes, les plus prospères.

Cette question est celle des rapports entre les pouvoirs publics et les Jardins Ouvriers.

Afin de bien situer le problème et pour que le débat ne s'égare pas, deux définitions me paraissent nécessaires au seuil de cette discussion.

La première est fort simple :

Nous entendons par pouvoirs publics toutes les personnes ou collectivités qui détiennent un fragment du pouvoir ou administrent une parcelle du domaine public ou privé de l'Etat, des départements ou des communes.

L'autre est plus longue à donner, tant est souple et féconde l'idée qui nous guide.

Les Jardins Ouvriers sont des œuvres qui gagnent à être conduites comme des affaires, mais qui n'en sont pas, — des œuvres dont le but est de donner en jouissance (je ne dis pas en propriété) un coin de terre à tous les hommes, ouvriers ou non, qui, de condition modeste, ont la volonté d'améliorer leur existence et celle de leur famille en cultivant un petit jardin où ils récoltent, avec des légumes et des fleurs, qui en sont les fruits apparents, le goût et l'orgueil du travail, le sens de la responsabilité, la satisfaction de la récompense méritée, et tous les bienfaits d'un effort libre accompli en plein air, — ce qui me paraît être la définition du véritable sport.

Le Jardin Ouvrier, ce n'est plus l'œuvre de charité que certains firent au début, ce n'est plus le mode d'assistance par le travail dont M. Louis Rivière, le premier vice-président de la Ligue du Coin de Terre et du Foyer, vantait l'excellence. C'est beaucoup plus et beaucoup mieux : c'est une coopérative où toutes les classes sociales collaborent, les unes apportant leur intelligence, leurs relations, leur argent, les autres leur ardeur au travail, leurs connaissances techniques, les unes et les autres fournissant sans compter leur temps, leur dévouement, tout leur cœur.

Mais les Jardins Ouvriers ne sont que des jardins : il ne faut donc pas les assimiler aux habitations à bon marché. Et ce ne sont que des jardins donnés en jouissance seulement : ne pas les confondre donc avec la petite propriété. Ils donnent le goût de la propriété, ils peuvent faciliter grandement la construction de maisons à bon marché, mais ils sont avant tout l'œuvre dont je viens d'essayer de définir le but, qui est de faciliter, d'encourager et de glorifier le libre travail de la terre par la famille, pour son plus grand profit et sa plus grande dignité.

*
* *

Une telle œuvre ne pouvait pas laisser les pouvoirs publics indifférents. Ils l'ont encouragée dans une large mesure, ainsi que l'attestent les trente et un rapports de groupements locaux que j'ai eu à dépouiller. Ils le feront plus largement encore lorsqu'ils connaîtront mieux ses besoins et les désirs de nos amis ; et la présence à ce Congrès de M. le Ministre de l'Hygiène, de l'Assistance et de la Prévoyance, nous permet d'espérer beaucoup.

Voyons donc ce qu'ont déjà donné les autorités communales, départementales et de l'Etat, et examinons ce que nous pouvons raisonnablement leur demander.

I. — LA COMMUNE

Lorsqu'une œuvre de Jardins Ouvriers est créée, très modestement presque toujours, la première autorité à laquelle elle s'adresse quand une difficulté surgit ou quand elle veut faire un effort considérable, c'est tout naturellement la commune. Et les administrations municipales et les conseils municipaux accueillent le plus souvent ses requêtes. Ils allouent des subventions (Clichy, Douai, Gravelines, Marseille, Montrouge, etc.) ou mettent les terrains qu'ils possèdent à la disposition des sociétés (Clichy, Gravelines, etc.), ou bien encore prêtent leurs salles ou leur matériel de fêtes (Ivry, Montrouge, etc.).

Plusieurs villes sont si favorables à notre Œuvre qu'elles la réalisent elles-mêmes et créent des Jardins Ouvriers municipaux (Paris, 12ᵉ, 13ᵉ, 15, 16ᵉ, 17ᵉ, 18ᵉ, 19ᵉ et 20ᵉ arrondissements), Besançon, Boulogne-sur-Mer, Desvres (Pas-de-Calais), Dunkerque, Hesdin (Pas-de-Calais), Le Puy, Lisieux, Lyon, Metz, Nantes, Saint-Quentin, Saint-Sauveur-les-Amiens, Strasbourg, etc., ou tout au moins encouragent efficacement la culture des petits jardins.

A ces fondations municipales, certains font deux reproches, qui seraient graves s'ils étaient fondés. Ils disent : « Créés par des municipalités, les Jardins Ouvriers auront forcément un caractère politique ; administrés par elles, c'est-à-dire par des fonctionnaires qui agiront par ordre, ils ne produiront pas les bons effets qu'obtiennent si facilement ceux qui se consacrent volontairement au fonctionnement d'une œuvre, ceux que M. l'abbé Lemire appelait : « Les jardiniers des jardiniers. »

Cette double objection est sérieuse. Mais, lorsqu'il créa, en 1896, la première œuvre municipale de Jardins Ouvriers, M. le Dʳ Aigre, maire de Boulogne-sur-Mer, l'avait prévue et y avait paré en confiant l'administration de ses terrains au Bureau de Bienfaisance jusqu'à ce qu'une œuvre spéciale fût à même de l'assurer.

Et la même solution a été adoptée sous des formes

diverses par plusieurs municipalités, notamment à Lyon, où les titulaires des sections de jardins doivent se constituer en associations et ici même, où nous avons pu constater l'excellente tenue d'un des principaux groupes.

Le maire de Dunkerque est dans les mêmes intentions. Il estime que les communes, qui peuvent le faire légalement depuis peu, devraient acheter ou louer des terrains et les remettre à des sociétés, à la seule condition que celles-ci équilibrent leur budget, une œuvre sociale devant vivre par elle-même.

En dehors de la municipalité, il existe dans chaque ville des organismes officiels qui possèdent le plus souvent des terrains ou de l'argent, mais auprès desquels il ne semble pas que nous ayons trouvé l'appui que méritent nos œuvres. Ce sont les Caisses d'Epargne et les Commissions administratives du bureau de bienfaisance et des hospices qui, réunies, constituent les bureaux d'Assistance. Pourtant nos Jardins, en procurant des ressources supplémentaires et en détournant de certaines dépenses non moins supplémentaires, poussent à l'épargne et empêchent le paupérisme, tandis que, par l'exercice en plein air qu'ils encouragent, ils évitent bien des maladies.

Plutôt rares cependant sont les *Caisses d'Epargne* qui ont créé des Jardins Ouvriers ou qui les ont encouragés, soit par des libéralités soit par des prêts à intérêt réduit. Citons cependant Besançon, Etampes, Troyes, Orléans, Guéret, Montargis, Agen, Bailleul, Valenciennes, Nogent-le-Rotrou, — mais qu'est-ce que cela pour toute la France ?

Les *Bureaux de bienfaisance* dont les initiatives nous ont été signalées sont encore moins nombreux : Nancy, Boulogne, Cherbourg, Perpignan, Le Cateau, Beuvrages. Leur exemple mériterait d'être mieux suivi.

Quant aux *Hospices*, qui sont pourtant parmi les plus riches propriétaires fonciers de France, à notre connaissance il n'en est qu'un seul (l'Hospice de Saint-Bonnet, dans la Loire) qui ait eu le souci d'affecter ses terres à ce bienfaisant emploi, tandis que nous en savons au moins deux qui prélèvent sur nos pauvres jardins un véritable impôt !

II. — Le Département.

Ce ne sont plus des créations directes, ce sont plutôt des encouragements et des subventions (mais combien précieux les uns et les autres !) que les Jardins Ouvriers peuvent attendre des divers organismes départementaux.

Les *Conseils d'arrondissement* ne possèdent rien et ne font guère que répartir des impôts qu'ils ne perçoivent pas : par quel miracle nos amis de Gravelines ont-ils obtenu cependant de celui de Dunkerque une subvention en faveur de leurs Cités-Jardins ?

Les *Conseils généraux* se montrent souvent assez généreux. Les œuvres du Nord, de l'Oise, de la Seine, de la Gironde, des Bouches-du-Rhône, se félicitent des subventions reçues.

Mais c'est surtout par l'intermédiaire de leurs *Offices Agricoles départementaux* qu'ils deviennent en maintes régions les bienfaiteurs attitrés de nos œuvres. Tantôt c'est sous forme de subventions annuelles plus ou moins importantes (et parfois même considérables, comme dans le département de l'Oise) que l'Office Agricole intervient : à Belfort, dans l'Orne, la Loire, le Loiret, la Charente-Inférieure, le Maine-et-Loire, l'Eure-et-Loir, le Gard et en Vaucluse. Tantôt c'est par la distribution de dons en nature (semences, engrais, arbres fruitiers), par l'organisation de concours, l'attribution de primes ou

de récompenses, octroyées le plus souvent par l'intermédiaire des Sociétés d'Horticulture : c'est ce qui se
pratique en Seine-et-Marne, en Saône-et-Loire, en
Meurthe-et-Moselle, en Indre-et-Loire, dans les Ardennes, la Creuse et le Calvados. Tantôt enfin, c'est
par une collaboration spéciale et particulièrement
opportune aux frais d'installation des œuvres nouvelles. Cette forme d'encouragement, pratiquée très
largement depuis plusieurs années par l'Office Agricole du département de la Seine, est assurément l'une
des plus intelligentes et des plus efficaces pour le développement des Jardins Ouvriers.

Par contre, d'autres organismes départementaux :
Comités de patronage des Habitations à bon marché,
de la Prévoyance sociale, du Retour à la terre, n'ont
rien fait en faveur de nos œuvres et ne semblent même
pas avoir compris l'opportunité d'entrer en contact
avec elles. Nos amis de Marseille et de Nîmes s'éton-
nent avec raison d'avoir été tenus à l'écart lors de la
constitution des Comités de Retour à la terre, où leur
place était naturellement marquée : le Jardin Ouvrier
n'est-il pas la forme minima, quand il n'est pas la
préparation et l'amorce de ce retour à la terre qu'il
s'agit de procurer ?

III. — L'État

Après la commune, après le département, l'État.

Il dispose, lui, de terrains, d'argent, de toutes sortes
de moyens d'action. De tout cela, qu'a-t-il fait, et que
pourrait-il faire en faveur de nos Jardins ?

Le Génie militaire détient dans de nombreuses
régions de vastes emplacements dont il n'emploie
qu'une petite part. Hâtons-nous de dire qu'autour de
Paris, de Lyon, de Strasbourg, il met à la disposition
de nos œuvres plusieurs centaines d'hectares dans des

conditions extrêmement bienveillantes. Il en est de même à Boulogne-sur-Mer, à Bergues, à Gravelines, à Reims.

Le Génie ne pourrait-il aller plus loin dans cette excellente voie ? S'il voulait bien dans ses affermages réserver partout la préférence aux Œuvres de Jardins Ouvriers, nous ne verrions plus, comme il arrive, certaines d'entre elles obligées de sous-louer à prix fort onéreux des terres qu'il a louées à bas prix comme herbages.

L'Administration du Domaine et celle des Ponts et Chaussées disposent également de surfaces considérables sur le sol de France, qu'il s'agisse des relais de mer de nos côtes, ou bien des innombrables terrains tenus en réserve sur toute l'étendue du territoire en vue de projets dont la réalisation demeure plus ou moins lointaine.

Là aussi, il y aurait pour nos Jardins Ouvriers de merveilleuses possibilités.

Mais l'Etat n'a pas seulement des terrains ; il dispose de ressources : Produit des Jeux, du Pari Mutuel, crédits spéciaux et variés, destinés à l'encouragement de toutes initiatives d'utilité sociale...

Les Jardins Ouvriers ne méritent-ils pas au premier chef d'être pris en considération à ce titre ?

Avouons-le : nous ne pouvons contempler sans envie les résultats considérables qu'obtient chez nos voisins la Ligue belge du Coin de Terre, grâce à la subvention de 40.000 francs que lui octroie chaque année le ministère de l'Agriculture.

Mais en France, dira-t-on, les Œuvres de Jardins Ouvriers sont nombreuses, éparpillées sur tout le territoire : comment discerner leurs besoins, comment les atteindre ?

La réponse est simple : il suffirait d'attribuer une

subvention globale à la Ligue française du Coin de Terre et du Foyer, fédération nationale des Jardins Ouvriers, à charge pour elle d'en effectuer la répartition entre les différentes œuvres.

Il existe d'ailleurs un précédent : c'est au moyen de subventions ainsi attribuées à la Ligue du Coin de Terre et du Foyer par le ministère de l'Agriculture, sur l'initiative de MM. Ducrocq et Dewavrin, que fut mise sur pied cette vaste organisation des jardins potagers militaires qui procura, au cours des années de guerre, des résultats aussi prompts qu'importants. Le procédé a donc fait ses preuves. Il est à souhaiter qu'il soit repris. En effet, si utiles, si bienfaisants qu'aient été à leur heure les subsides accordés par la Commission du Produit des Jeux à telle ou telle œuvre de Jardins, à Paris, à Bordeaux, pour des créations nouvelles, ces avantages exceptionnels ne sauraient être comparés à l'encouragement constant, à l'aide efficace que constituerait pour toutes les Œuvres de Jardins Ouvriers le fait d'une subvention annuelle attribuée à un organisme central, que sa reconnaissance d'utilité publique met en mesure de recevoir et de répartir entre les diverses Œuvres de Jardins Ouvriers, suivant leurs besoins et d'après des règles précises qu'il serait aisé d'établir.

Avantageux pour toutes les œuvres, ce procédé représente en même temps, pour les divers organismes de l'Etat, avec une sécurité morale, une simplification de procédure très appréciable, et qui facilite singulièrement, l'expérience le prouve, les générosités sollicitées!

C'est ainsi que présentement déjà la Ligue du Coin de Terre et du Foyer se trouve autorisée par sa reconnaissance d'utilité publique à solliciter annuellement de la Commission de répartition du produit des jeux une subvention destinée à aider l'une de ses sections locales à l'achat d'un terrain pour la création de nouveaux jardins. Nous aimons à voir dans ce fait un point de départ heureux dans une voie pleine d'espérances. Il suffirait d'obtenir que la Ligue du Coin de Terre fût traitée comme l'Office du Tourisme, qui reçoit chaque année des subsides considérables.

Procurer aux Œuvres de Jardins Ouvriers des terrains et des ressources, c'est énorme. Mais ce n'est pas tout.

L'Etat peut les encourager sous bien d'autres formes encore.

Il peut susciter les initiatives par une propagande de ses représentants officiels : la circulaire du 12 août 1921, par laquelle le ministre de l'Hygiène invitait les préfets à attirer l'attention de tous les organismes départementaux sur les bienfaits des Jardins Ouvriers et sur l'opportunité de les multiplier, était en ce sens une initiative des plus heureuses. Si elle était renouvelée, et si, selon le vœu de nos amis de Strasbourg, elle était suivie d'enquêtes officielles, publiées chaque année, elle pourrait avoir des résultats sérieux.

L'Etat peut, d'autre part, encourager nos Jardins et en accroître le rendement en apportant à nos Œuvres la collaboration technique des divers services de l'Agriculture : leçons et conférences données à nos jardiniers par ses professeurs d'horticulture, création de jardins d'expériences, organisation d'expositions et de concours.

Il peut enfin — et déjà il le fait— stimuler les efforts, sanctionner les résultats, honorer les dévouements par des récompenses ou des distinctions sagement octroyées : diplômes d'Horticulture, décorations du Mérite Agricole, médailles de la Prévoyance sociale, etc., etc.

Sans nuire aucunement à la souplesse, à la variété,

à la liberté féconde des initiatives privées, que d'interventions heureuses demeurent possibles et désirables de la part des pouvoirs publics, et cela sans sortir du cadre des lois existantes !

LES LOIS

Mais ce cadre ne devrait-il pas être élargi ?

Ces lois ne pourraient-elles pas être utilement modifiées, amendées, complétées ?

Quels sont sur ce point les remarques, les suggestions, les vœux de nos œuvres ?

Telle est la dernière question qui s'imposait à l'attention de votre rapporteur.

La loi du 5 décembre 1922, modifiant toute la législation antérieure sur les Habitations à bon marché et les Jardins Ouvriers, consacre définitivement l'assimilation presque complète du jardin à la maison ; par là, elle ouvre à nos œuvres, en principe, la possibilité de bénéficier d'avantages à peu près analogues.

Nous disons « en principe » parce qu'en dépit des excellentes intentions du législateur, et par suite de dispositions de détail inscrites dans la loi, c'est à peine si parmi les œuvres de Jardins Ouvriers il s'en trouve quelqu'une qui ait été jusqu'à ce jour à même de recueillir ces avantages.

Pour y avoir part, il faut, en effet, que le groupement soit constitué sous forme de Société coopérative ou de Société anonyme par actions, conformément aux statuts-types établis par le ministère de l'Hygiène.

Or, la presque totalité des Œuvres de Jardins Ouvriers se trouvent constituées sous la forme beaucoup plus pratique et plus simple d'associations déclarées selon la loi de 1901 : elles ne rentrent donc pas dans le cadre exigé.

Ce n'est que parmi les œuvres récentes que l'essai a été tenté, à Belfort, à Chartres, par exemple, dans l'espoir de bénéficier des avantages inscrits dans la loi, espoir qui ne paraît guère d'ailleurs, à Chartres tout au moins, en voie de réalisation.

La loi du 5 décembre 1922 ouvrait d'autre part à nos œuvres de grandes espérances : l'article 32 ne permettait-il pas aux organismes reconnus d'utilité publique, à la Ligue du Coin de Terre et du Foyer par conséquent, d'obtenir de l'Etat, pour l'achat de terrains, des prêts à taux réduit, au même titre que les sociétés de Crédit immobilier ? Mais là encore, hélas ! une pierre d'achoppement : d'après les termes de la loi, ces prêts ne peuvent être consentis qu'au profit des particuliers qui voudraient acheter des jardins et non au profit des œuvres ou sociétés quelconques...

C'est ainsi que déjà la loi Méline sur la réquisition des terres incultes, et la loi du 31 octobre 1919 sur l'accession à la petite propriété, inappliquées et d'ailleurs inapplicables, n'avaient apporté à nos Jardins Ouvriers qu'espérances trop tôt déçues.

L'application de la loi sur le Crédit agricole, telle qu'elle a été faite jusqu'à présent, ne leur a pas donné davantage satisfaction.

La loi du Bien de Famille, si excellente en elle-même, ne portera des fruits efficaces pour la protection de la petite propriété que lorsqu'elle sera modifiée par le vote du projet récent de M. l'abbé Lemire, simplifiant les formalités requises et portant à 40.000 francs la valeur maxima du bien de famille : nos œuvres d'Alais, de Bordeaux, de Douai, de Dreux, de Marseille, d'Orléans, de Pantin, appellent de leurs vœux ces rectifications urgentes.

Mais surtout la plupart de nos sociétés aspirent à

pouvoir constituer pour leurs œuvres une propriété collective assurant l'avenir.

On se lasse, en effet, de toujours créer des groupes de jardins qui toujours disparaissent. C'est pour l'Œuvre une dépense considérable d'efforts et de ressources, dépense très onéreuse et difficile à renouveler. C'est pour les ouvriers un arrachement douloureux (on s'attache si vite au lopin de terre !) et la source de bien des amertumes et de bien des découragements.

Et puis, il devient de plus en plus difficile, autour de nos grandes villes surtout, de trouver du terrain, et cette difficulté ne fera que croître.

Si nos œuvres veulent vivre, il faut qu'elles soient propriétaires : c'est la conviction et c'est le vœu que toutes sont unanimes à exprimer.

Pour combien peu cependant ce vœu est-il devenu une réalité ? Versailles, Troyes, Saint-Omer, Boulogne-sur-Mer, Sedan, Toulouse, Dijon, Tours... nous les compterions aisément.

Les ressources de l'initiative privée, si généreuse qu'elle soit, sont forcément limitées. Lorsqu'il s'agit de réalisations d'utilité sociale d'aussi vaste envergure, il est aussi nécessaire que juste de recourir aux subsides, ou tout au moins à l'aide et à la collaboration de l'Etat.

Or, il suffirait d'une bien légère modification à la loi du 5 décembre 1922, peut-être même d'un simple règlement d'administration publique précisant son application, pour que la Ligue du Coin de Terre et du Foyer, fédération des Jardins Ouvriers de France, soit autorisée, au même titre que les sociétés de Crédit immobilier, à obtenir de l'Etat des prêts à taux réduit au profit de ses sections locales et de ses associations affiliées pour l'acquisition des terrains qui leur sont si nécessaires : comment ne l'obtiendrions-nous pas ! comment n'aurions-nous pas confiance en l'avenir !

Laissant au Congrès le soin de donner à ces vœux leur formule définitive, nous comptons avant tout sur l'action parlementaire, souple, vivante, inlassable, de M. l'abbé Lemire et de M. Thoumyre, qui sauront conquérir et grouper autour d'eux leurs collègues au service de notre cause. Ils connaissent les portes où il faut s'adresser : ils y frapperont, on leur ouvrira.

Et nous comptons aussi sur la bienveillance des pouvoirs publics, dès longtemps acquise à nos Jardins Ouvriers, et dont la présence spontanée de M. le Ministre de l'Hygiène et de la Prévoyance sociales au milieu de nous aujourd'hui nous est une nouvelle preuve et un sûr garant.

M. ALAPETITE, qui devait primitivement présider la séance, et qui s'est effacé pour procurer au Congrès la présidence de M. le ministre Strauss, représentant plus direct de « Sa Majesté l'Etat », se plaît à rappeler les origines et les raisons de sa sympathie cordiale pour les Jardins Ouvriers, auxquels le rattachent, à Boulogne-sur-Mer, à Lyon, à Strasbourg, des liens variés de souvenir, d'estime et de dévouement. Comme Commissaire général d'Alsace et de Lorraine, il assure l'Œuvre de toute la bienveillance de ses services dans les trois départements recouvrés.

M. STRAUSS, avant de se retirer pour laisser au Congrès la pleine indépendance de ses délibérations, affirme à nouveau sa sympathie convaincue pour toutes les mesures législatives tendant à assimiler le jardin à la maison en vue d'assurer mêmes avantages à l'un et à l'autre, et renouvelle la promesse d'examiner avec le plus grand soin, en accord avec ses collègues, les vœux qui seront émis par le Congrès, avec un vif désir de leur donner satisfaction.

M. L'ABBÉ LEMIRE. — Notre rapporteur a vivement intéressé le Congrès en faisant allusion tout à l'heure aux admirables résultats obtenus chez nos voisins par la Ligue Belge du Coin de Terre, grâce au concours que lui apportent les pouvoirs publics. Nous serions heureux que M. Goemaere, délégué de la Ligue Belge, voulût bien nous donner à ce sujet quelques détails.

Exposé de M. Goemaere,
Secrétaire général de la
Ligue Belge du Coin de Terre et du Foyer

A côté de la France, toutes les fois qu'il s'agit de servir l'humanité, le cœur près du cœur, la main dans la main, marche la Belgique. C'est pourquoi je suis venu à Strasbourg, désireux de prendre part à ce Congrès et de chercher auprès de vous des enseignements et des exemples.

Mais, pour répondre au désir de M. Lemire, je vous dirai volontiers, en échange, ce que l'on fait chez nous, et, pour rester dans le cadre spécial des préoccupations de cette séance, ce que font en Belgique pour nos œuvres du Coin de Terre les pouvoirs publics.

Tout d'abord, grâce à la règlementation nouvelle établie par le ministère de la Justice, notre Ligue Belge s'est vue octroyer la personnification civile qui lui permet désormais d'acheter et de posséder des terres.

Pour contribuer à lui faciliter de tels achats, une circulaire de M. Theunis, ministre des Finances, a prescrit qu'aucune vente de terrains domaniaux ne soit effectuée sans qu'avis en soit donné préalablement au délégué local de la Ligue du Coin de Terre.

Une autre circulaire a invité l'administration des Domaines à prêter son concours à la Ligue en lui concédant, dans toute la mesure possible, les terrains dont elle dispose et qui sont susceptibles d'être affectés à la culture maraîchère. L'Administration a été invitée à se départir en faveur de la Ligue du principe de l'adjudication publique et à conclure l'affermage à l'amiable, en se basant simplement sur la valeur locative du terrain.

Le Ministère de la Guerre favorise pour sa part le Coin de Terre en créant des Jardins pour les soldats et en organisant des cours d'horticulture dans les garnisons.

Mais les pouvoirs publics ne se bornent pas à nous favoriser : ils nous subventionnent. Une somme de 40.000 francs est inscrite au budget annuel du Ministère de l'Agriculture pour les œuvres de la Ligue du Coin de Terre.

Dans cette subvention, notre Comité central puise une force considérable. Grâce à elle, en effet, au lieu d'attendre ses ressources des comités régionaux ou locaux, c'est lui qui leur vient en aide, notamment pour les créations nouvelles, qui nécessitent forcément des dépenses exceptionnelles. C'est ainsi que toutes les œuvres ont intérêt à se grouper autour de nous et que notre influence peut s'étendre.

Cet appui des pouvoirs publics n'augmente pas seulement la puissance matérielle de notre œuvre, il accroît sa puissance morale. M. l'abbé Lemire a pu s'en rendre compte au Congrès de Bruxelles, auquel il nous a fait l'honneur d'assister, et que sa présence et sa parole ont animé et vivifié. J'ai mission de l'en remercier ici au nom du Comité directeur et de tous les Comités locaux de la Ligue Belge du Coin de Terre.

Toutes les fois que la France est à nos côtés, toutes les fois que la Belgique s'appuie sur la France, nous devenons une grande force. M. l'abbé Lemire nous l'a fait sentir une fois de plus pour le bien de nos Œuvres. Qu'il en soit remercié.

M. LEMIRE. — A mon tour, je remercie M. Goemaere, qui nous apporte de Belgique un exemple et une expérience que nous ne manquerons pas de rappeler en tête des vœux que nous allons avoir à formuler pour nos Jardins Ouvriers de France.

La parole est à M. Navel.

Communication de M. Navel,
Directeur des Jardins et Promenades
sur les Jardins Ouvriers de la Ville de Metz

L'origine des Jardins Ouvriers de la ville de Metz est due à l'initiative de l'Administration municipale pendant la guerre. Organisation toute provisoire d'abord ; mais les excellents résultats obtenus ont incité la direction des Promenades à demander en 1920 la création à titre permanent de Jardins Ouvriers.

Une Commission d'étude fut constituée : elle proposa d'affecter à cette création tous les terrains municipaux, ainsi que des terrains loués à long bail par la Ville, de façon à constituer des secteurs sur les différents points de la périphérie.

Six groupes, composés de 217 parcelles de 5 ares environ, ont été constitués et mis à la disposition de 191 familles, moyennant une redevance de 5 francs par are. La surface cultivée est de 1140 ares.

Le montant des redevances est consacré par la Ville, qui ajoute des crédits spéciaux s'il en est besoin, à l'amélioration des jardins, à l'installation de canalisations d'eau, à la distribution d'encouragements en nature, tels que plants, semences, etc...

La gérance administrative et financière est à la charge du Service des Promenades de la Ville. La gérance morale est confiée à la Société d'Horticulture de la Moselle, qui organise des visites, attribue des primes, décerne des prix.

Les jardins sont concédés pour un an par un contrat renouvelable : ils peuvent être retirés pour culture insuffisante.

L'attribution des lots est faite à mesure des demandes, en tenant compte des charges de famille et de la qualité de mutilé ou d'ancien combattant.

Les résultats matériels et moraux sont excellents. Le nombre des jardins ne suffit pas à satisfaire aux demandes.

Rapport présenté au nom de M. Herriot
par M. Costille, directeur de l'Office municipal du Travail
sur les Jardins Ouvriers de la Ville de Lyon

A la fin de 1916, ont été institués les premiers jardins ouvriers municipaux de notre ville. En les créant, M. le Maire de Lyon a cherché à peser sur le cours des denrées et, en même temps, à donner à l'ouvrier le moyen de pourvoir en partie par son travail à l'alimentation de sa famille, tout en utilisant ses loisirs. Sur sa proposition, le Conseil municipal a décidé que certains terrains communaux seraient mis à la disposition des sociétés qui se constitueraient à cet effet, et a établi un premier règlement provisoire.

Trois sociétés, dont une composée de typographes, l'autre de cheminots et la troisième de sociétaires appartenant à diverses professions, se sont formées à la fin de 1916, sur un terrain communal devant être utilisé ultérieurement pour la construction d'une usine. A la même époque, l'Administration des Domaines a mis à la disposition de la ville de Lyon, sur la demande de M. Herriot, des terrains provenant d'anciennes fortifications situés en face de la gare des Brotteaux. A la fin de 1917, un terrain communal destiné à être cédé à la Compagnie P.-L.-M. dans le quartier de Perrache, a été concédé à une nouvelle société.

Cette première expérience ayant pleinement réussi, le Conseil municipal constitua le 12 juillet 1919 une

Commission spéciale chargée d'examiner le moyen de développer les Jardins Ouvriers.

Des démarches furent aussitôt engagées pour que de nouveaux terrains provenant des fortifications fussent concédés à la Ville. A la fin de 1919, il fut créé ainsi 11 nouvelles sociétés sur des terrains militaires, plus 8 sur divers terrains communaux ou sur des terrains privés mis gratuitement à la disposition de la Ville.

Il existe actuellement 23 sociétés de Jardins Ouvriers, représentant une surface de terrain cultivé de 270.000 mètres carrés environ et groupant 1.710 sociétaires. Le nombre total des enfants de moins de quinze ans de ces sociétaires est d'environ 3.700.

Un règlement, définitivement arrêté en janvier 1920, stipule que les sociétaires sont agréés par l'Administration municipale. Pour être admis, les postulants doivent être Français, salariés ou petits artisans, habiter Lyon depuis plus de trois ans et avoir au moins à leur charge soit un enfant âgé de moins de quinze ans, soit un ascendant incapable de se livrer à un travail rémunérateur régulier. En principe, le loyer de leur logement ne doit pas être supérieur à 500 francs, plus autant de fois 100 francs qu'ils auront d'enfants de moins de quinze ans ou d'ascendants à leur charge. Ils doivent s'engager par écrit à cultiver eux-mêmes les jardins et à ne pas vendre les produits récoltés. La préférence est donnée aux familles nombreuses, et les terrains doivent être répartis uniformément, à raison de 150 mètres carrés environ par famille. De plus, les sociétaires ayant au moins trois enfants au-dessous de quinze ans peuvent recevoir temporairement une parcelle de terrain supplémentaire et distincte, pour la grosse culture (pommes de terre, carottes, choux, etc.).

Les sociétés sont autonomes et s'administrent librement. Elles perçoivent à leur profit une légère cotisation variant de 3 à 6 francs par an, destinée à couvrir les menus frais d'entretien.

Pour sauvegarder les droits de la Ville, tous les terrains ont été donnés par elle en location, au prix uniforme de 1 franc par an et par société. C'est la seule recette que la Ville perçoive. Elle encaisse donc de ce chef 23 francs par an. Nous verrons plus loin les dépenses qu'elle s'impose.

L'aménagement des clôtures et des canalisations d'eau ne pouvait, en raison de l'importance de la dépense, être assuré par les sociétés. Il a été pris en charge par la Ville ; les crédits votés par le Conseil municipal se sont élevés au total à 142.000 francs.

De plus, la Ville fournit l'eau gratuitement, en quantité largement suffisante.

Le développement des Jardins Ouvriers a amené les sociétés à se grouper entre elles. Elles ont fondé en 1920 la Fédération lyonnaise des Sociétés de Jardins Ouvriers municipaux, qui est administrée par un conseil composé des présidents de chaque société et dont le siège est à l'hôtel de la Mutualité.

Pour éviter dans ces jardins l'aspect souvent disgracieux de tonnelles disparates, la Fédération ayant manifesté le désir de faire construire des tonnelles d'un modèle uniforme, le Conseil municipal lui a accordé pour cela, en mai 1922, un prêt de 20.000 francs non productif d'intérêts et remboursable à raison de 500 francs par mois au minimum. Le prix de revient de chaque tonnelle est de 220 à 260 francs, suivant le modèle choisi. Quatre-vingt-dix déjà sont installées.

D'après le règlement, chaque société adresse au maire de Lyon un rapport annuel, moral et financier. Ces rapports témoignent de la satisfaction et de la gratitude des tenanciers. Ils estiment que la valeur des légumes récoltés par chacun n'est pas inférieure à 700 francs par an.

Le rapport signale au Congrès ces résultats si encourageants.

Il estime que, malgré les dépenses qu'il a entraînées, l'exemple de la Municipalité de Lyon pourrait être suivi par beaucoup d'autres villes. Tout en reconnaissant les beaux résultats auxquels a abouti l'initiative privée, il considère que l'importance relative des dépenses à engager s'oppose à ce qu'elle puisse développer les Jardins Ouvriers dans la mesure désirable.

Rappelant les avantages du jardin pour l'hygiène, pour l'économie, pour le délassement de la famille autant que pour la saine utilisation des loisirs qu'entraîne la journée de huit heures, il insiste en particulier sur ce fait, que si le nombre des jardins devenait important, il en résulterait un abaissement du cours des denrées qui justifierait pleinement les dépenses prises en charge par les Municipalités.

Pour toutes ces raisons, il conclut en proposant au Congrès de déclarer qu'il est désirable que les municipalités, tout en encourageant les œuvres privées, n'hésitent pas à rechercher tous les moyens de transformer en jardins ouvriers les terrains communaux disponibles, ainsi que les terrains privés qui pourraient leur être concédés ou même donnés en location, et à inscrire à leur budget les sommes nécessaires à l'aménagement de ces terrains, notamment pour les clôtures et l'adduction de l'eau.

Après avoir remercié M. Navel et M. Coville de leurs communications, M. l'abbé Lemire propose au Congrès de voter des félicitations aux municipalités de Metz et de Lyon, ainsi qu'à toutes celles — Strasbourg au premier rang — qui ont, comme elles, créé et organisé avec un soin généreux des Œuvres de Jardins Ouvriers.

Il propose également qu'un remerciement spécial soit adressé au nom du Congrès à l'Office Agricole du département de la Seine, qui, non content d'apporter aux Œuvres de Jardins Ouvriers de la banlieue parisienne un concours efficace et constant, vient de réaliser un remarquable effort de propagande générale, à l'occasion de l'Exposition de Strasbourg, par le lancement d'une brochure et la constitution d'un film mettant en relief les bienfaits des Jardins Ouvriers.

Ces propositions sont acceptées à l'unanimité. La lecture des vœux soumis à l'approbation du Congrès donne lieu à différentes observations.

M. Dewavrin (de Tourcoing). — La possession du terrain devient pour nos Œuvres, à l'heure actuelle, une question primordiale. Il est de toute nécessité que la Ligue du Coin de Terre et du Foyer puisse obtenir des prêts de l'Etat pour permettre à ses sections locales et aux sociétés qui lui sont affiliées de devenir propriétaires. La loi donne à l'ouvrier le moyen d'acheter son petit terrain : elle doit donner aux Sociétés de Jardins Ouvriers mêmes facilités pour acheter le terrain collectif qui leur est nécessaire. Mais si les Sociétés de Jardins Ouvriers ne sont pas constituées sous forme de sociétés par actions, elle ne peuvent présentement rien obtenir.

M. Aiguier (de Marseille). — Notre Œuvre a fait une demande, en proposant de se constituer en société par actions ; elle a essuyé un refus.

M. l'Abbé Rabier (de Blois). — Nous rencontrons à Blois les mêmes difficultés pour nous procurer du terrain. La réforme sollicitée par M. Dewavrin me paraît urgente pour la sécurité, pour l'avenir de nos Œuvres.

M. Paul Bacquet. — Sans attendre une modification de la loi, il suffirait peut-être, je l'indiquais tout à l'heure, d'une circulaire ministérielle qui en élargît l'application. Mais il faudrait obtenir que le rédacteur de la circulaire sût ce que c'est qu'un jardin ouvrier !

M. Marque (d'Ivry). — A ce propos, qu'on me permette de remarquer qu'il est fait parfois de ce terme : « le jardin ouvrier », un usage tout à fait abusif ; il devrait être exclusivement réservé aux Œuvres sans but lucratif, sans qu'il soit permis aux propriétaires ou aux entrepreneurs d'en couvrir leurs spéculations.

M. COSTILLE. — La loi interdit aux Sociétés d'Habitations à bon marché qui ne sont pas strictement placées sous le régime légal d'emprunter cette dénomination ; une réserve du même ordre pourrait être sollicitée en ce qui concerne les Jardins Ouvriers

M. L'ABBÉ LEMIRE. — Je propose au Congrès de joindre ce vœu à ceux qui lui sont présentement soumis.

L'ensemble des vœux est adopté à l'unanimité.

VŒUX ÉMIS PAR LE CONGRÈS
EN CONCLUSION DE LA TROISIÈME SÉANCE

Les Jardins Ouvriers et les Pouvoirs publics

Le Congrès, s'en rapportant aux considérations émises par M. Paul Bacquet dans son rapport et à l'échange de vues qui a suivi, émet les vœux suivants :

Premier vœu.

Que l'Etat mette les terrains dont il dispose, et en particulier les terrains militaires inutilisés, à la disposition de la Ligue du Coin de Terre et du Foyer pour être répartis en Jardins Ouvriers.

Deuxième vœu.

Que les Municipalités n'hésitent pas à rechercher tous les moyens de transformer en jardins ouvriers les terrains communaux disponibles, ainsi que les terrains privés qui pourraient leur être concédés, gratuitement ou en location, et à inscrire à leur budget les sommes nécessaires à l'aménagement de ces terrains, notamment pour les clôtures et l'adduction de l'eau.

Troisième vœu.

Que les Caisses d'Epargne multiplient leurs initiatives en faveur des Jardins Ouvriers, sous la double forme de subventions aux œuvres et d'achats de terrains pour les mettre à leur disposition.

Quatrième vœu.

Que les Offices Agricoles, et notamment l'Office Agricole du département de la Seine, qui ont apporté aux Œuvres de Jardins Ouvriers un précieux concours, en soient remerciés, et que tous les Offices agricoles de France soient invités à imiter leur exemple.

Cinquième vœu.

Que les Œuvres de Jardins Ouvriers aient la possibilité de faire appel au Crédit Agricole, et qu'elles soient admises à bénéficier des subventions provenant des fonds du Pari mutuel.

Sixième vœu.

Que, pour être en mesure d'encourager la création de jardins ouvriers par une aide efficace à toute initiative nouvelle, la Ligue du Coin de Terre et du Foyer, fédération des Jardins Ouvriers de France, soit admise à recevoir une subvention annuelle, soit, à l'exemple du Tourisme, sur les fonds provenant du Pari mutuel, soit sur les crédits du ministère de l'Agriculture, à l'imitation de ce qui se fait en Belgique.

Septième vœu.

Que les présidents d'Œuvres de Jardins Ouvriers soient admis à faire partie des Comités de Retour à la terre récemment constitués.

Huitième vœu.

Que le terme « Jardin Ouvrier » soit défini par la loi et réservé par elle obligatoirement aux œuvres organisées en dehors de tout but lucratif, à l'imitation de ce qui a été fait pour les habitations à bon marché.

Neuvième vœu.

Que la limite de la valeur des champs et des jardins pour l'acquisition desquels les Sociétés de Crédit immobilier peuvent consentir des prêts en vertu de l'article 46 de la loi du 5 décembre 1922 soit élevée au montant du quart du maximum légal que peut atteindre, dans la commune où sont situés ces champs et jardins, le prix d'une habitation à bon marché.

Dixième vœu.

Que la Ligue du Coin de Terre et du Foyer, qui est reconnue d'utilité publique, et par conséquent capable, comme les Sociétés de Crédit immobilier, de consentir des prêts à des particuliers, soit autorisée, par une interprétation administrative ou par une disposition légale nouvelle, à faire des prêts aux sociétés qui lui sont affiliées pour leur permettre d'acheter des terrains qu'elles consacreront à l'organisation de jardins ouvriers.

Onzième vœu.

Que la valeur du Bien de Famille insaisissable soit portée de 8,000 à 40.000 francs.

QUATRIÈME SÉANCE

Les Jardins Ouvriers et la Natalité

Présidence de M. Georges RISLER
Président du Musée Social
Vice-Président de la Commission supérieure de la Natalité

La séance est ouverte par M. l'abbé Lemire, qui remercie M. Georges Risler de sa présence, « où il voit une nouvelle preuve de l'infatigable dévouement qu'il apporte aux œuvres sociales auxquelles il consacre si largement sa compétence, son temps et son cœur. Cette présence est doublement précieuse au Congrès, qui n'ignore pas la place éminente qu'occupe M. Risler dans les Conseils où l'on élabore les lois aussi bien que dans les Commissions où l'on attribue les subventions; personne mieux que lui n'est à même de rendre aux Jardins Ouvriers de signalés services. »

Allocution de M. Georges Risler

Mesdames,
Messieurs,
Mon cher abbé Lemire,

Vous m'avez fait un grand honneur en me demandant de présider cette réunion de votre Congrès, et je vous en remercie de tout cœur ; mais peut-être avez-vous été un peu imprudent...

Chaque fois que je vous rencontre et que je veux vous dire mes sentiments de profonde admiration pour votre œuvre magnifique, et pour vous qui en avez été le fondateur et qui en êtes resté l'âme, vous avez toujours à faire quelque chose de très pressé qui vous appelle ailleurs, et vous vous enfuyez.

Aujourd'hui, je vous tiens, dans un lieu qui n'est, certes, pas isolé ni solitaire, mais d'où cependant vous ne pouvez pas vous échapper. En outre, vous ne pourrez même pas me retirer la parole, puisque, cette fois, par votre volonté, c'est moi qui suis le président. Il faudra donc que vous entendiez l'expression de mon admiration et de la reconnaissance de tous ceux qui sont ici.

Y a-t-il une œuvre plus belle que la vôtre ? Avoir cherché à maintenir un nombre toujours plus grand de travailleurs en contact avec la terre qui est notre nourricière, qui est l'élément matériel de notre patrie, leur avoir fait apprécier les avantages moraux et économiques que comporte la possession, même temporaire, d'une parcelle du sol national d'où personne ne peut vous expulser ! N'y a-t-il pas là l'un des moyens d'éducation, de progrès moral et de paix sociale les plus puissants et les plus efficaces qu'on puisse imaginer ?

Mais beaucoup d'autres ont parlé avant moi et avec plus d'autorité des avantages qu'offre au point de vue de l'hygiène, au point de vue de la lutte contre l'alcoolisme, à tous les points de vue sociaux, le jardin familial. Je voudrais insister sur l'une des conséquences morales qui ne me semble pas, jusqu'ici, avoir été mise en lumière.

Par le jardin, vous mettez chaque jour le travailleur en contact avec le plus grand des miracles de la nature : la vie.

Le voici qui jette dans la terre le grain minuscule ; puis, au bout de quelques jours, il aperçoit au ras du sol un tout petit point vert à peine perceptible. Celui-ci ya ensuite, presque devant ses yeux, croître continuellement jusqu'à ce qu'apparaissent les fleurs poétiques et charmantes, annonciatrices du fruit. Semis, germination, croissance, fructification, tout cela ne constitue-t-il pas le plus grand des miracles que nous soyons appelés à contempler ? Tout cela n'est possible que grâce à la chlorophylle, substance qui permet à la plante de se nourrir, de donner ses fleurs, ses fruits, ses graines. C'est grâce à elle que la vie existe sur notre globe. Sans chlorophylle, pas de végétaux, pas de nourriture, ni pour nous ni pour les animaux.

Pendant bien des années, on a cherché la synthèse de la chlorophylle : c'est tout récemment que M. Daniel Berthelot, le digne fils du grand chimiste, a réussi, grâce à la puissance des rayons ultra-violets, à la reconstituer. Ici encore, c'est aux plus grandes forces de la nature, à des radiations qui émanent du soleil, qu'il a dû son succès.

Je n'ai pas la pensée que le travailleur qui, après sa journée de travail, vient cultiver son jardin, se rende compte de tout ce que je viens d'expliquer, mais, par contre, je suis intimement convaincu que la puissance qui produit ces merveilles s'exerce en même temps sur lui. La nature a sur les âmes, même les plus rebelles, de mystérieuses influences auxquelles elles ne peuvent se soustraire. Cet homme n'analyse pas, mais il sent que quelque chose de grand se produit autour de lui, auprès de lui, qu'il en est, dans une très faible mesure, l'infime instrument, mais cependant l'instrument. C'est son intervention, son travail qui met en œuvres les forces providentielles. Le contact avec les œuvres de Dieu est d'une éloquence telle qu'il fait éclater, même aux yeux de ceux qui ne veulent pas voir, leur grandeur, tout en montrant le néant des vanités humaines.

Au contact de la terre et en présence de la majesté de la nature, cet homme puise donc des forces morales considérables, en même temps qu'il prend chaque jour le bain d'air et de soleil régénérateur indispensable à toute créature humaine.

Laissez-moi ajouter que ce sont ces forces morales qu'il dépense ensuite à l'atelier et que sa valeur leur est proportionnée. Le travail mécanique de chaque jour est sans doute noble comme tout travail, mais, sauf pour celui dont l'intelligence et l'instruction sont déjà assez développées pour qu'il recherche constamment les améliorations qu'on peut apporter à la machine qu'il dirige, cette tâche toujours la même est monotone ; il faut une réelle force morale pour l'accomplir consciencieusement, sans défaillance et toujours avec la même énergie. Le travailleur favorisé de la possession d'un jardin y puise constamment cette force morale dont il a besoin, elle est quotidiennement à sa portée.

Et puis, après le jardin vient la maison ; nous vous devons une immense reconnaissance, car vous n'avez pas seulement fondé la Ligue du Coin de Terre, mais vous y avez ajouté ces mots « et du Foyer ». Vous avez été parmi les initiateurs qui ont voulu aider le travailleur à s'élever à la possession de la maisonnette et du jardinet.

Avant même notre cher et regretté ami, auteur de la loi qui rendra son nom immortel, vous aviez rêvé la loi Ribot. Je ne m'étends pas sur ses avantages, persuadé qu'on en a ici copieusement parlé. On n'aura pas manqué de faire ressortir dans quelle proportion elle aide à accroître l'intimité familiale, la moralité générale et la capacité de gestion.

Comment le travailleur qui possède une parcelle de notre belle terre de France ne sentirait-il pas sa dignité surélevée en même temps que grandit sa responsabilité dans les destinées de la patrie ? Comment ne serait-il pas décidé à la défendre plus âprement que jamais ? Comment enfin n'apprendrait-il pas à administrer d'abord son petit bien, puis la cité-jardin dont il est co-propriétaire, puis la commune dans laquelle cette cité-jardin occupe une place importante? Combien ces efforts sont plus bienfaisants, plus intéressants, plus utiles à la société, que celui qui consiste à voter chaque soir dans une bruyante réunion un ordre du jour qui la condamne, en proclamant la résolution de la refaire !

Et puis, il y a les revenus du jardin. C'est vous même, mon cher abbé Lemire, qui m'avez montré à Lille tel petit coin de terre qui, pendant la guerre, a rapporté à son propriétaire 3.800 francs par an, grâce aux légumes qu'il a pu vendre. Combien n'ont eu que cette ressource pour s'alimenter, eux et leur famille, pendant que l'ennemi détesté foulait leur terre natale !

Disons que, couramment, un jardin de 300 mètres carrés produit une quantité de légumes suffisante (sauf les pommes de terre) pour les besoins de la famille, et dont la valeur en francs représente l'annuité à payer à une société de Crédit immobilier pour devenir propriétaire d'un petit domaine. C'est donc avec le travail qu'il fournit dans son jardin, et uniquement ainsi, que le travailleur paye la maison qui va procurer à lui et à sa famille tant de joies.

Ainsi est résolu, comme l'avaient proclamé nos chers et regrettés amis, les grands pionniers de notre œuvre, Siegfried, Georges-Picot, Cheysson, ce problème considéré comme insoluble il y a seulement seize ans :

« Donner à une famille de travailleurs la propriété d'une maison saine et d'un jardin ;

« Lui assurer les bienfaits d'une assurance sur la vie ;

« Lui procurer enfin la plus avantageuse et la meilleure des retraites. »

Tout cela est votre œuvre, mon cher abbé Lemire, et aussi celle de votre noble lieutenant, M. Robert Georges-Picot, qui non content de continuer les traditions paternelles, a voulu élargir encore l'action de son admirable père.

Bien avant la guerre, vous aviez fondé la Ligue du Coin de Terre et du Foyer. Devenu député, vous avez gardé dans la carrière parlementaire votre indépendance ; vous êtes resté vous-même, défendant vos idées, toujours infiniment bon, mais inflexible sur les principes que vous croyez justes.

Puis vos concitoyens ont exigé que vous deveniez leur maire. A peine aviez-vous accepté cette nouvelle charge que de terribles événements vous ont permis de montrer jusqu'à quel point vous en étiez digne. Vous avez quitté le dernier votre cher Hazebrouck, quand il n'y a plus eu moyen d'y tenir. Vous avez assuré le départ de tous ceux de la vie desquels vous vous considériez comme responsable, et c'est alors que, dans des conditions épouvantables, vous avez dit adieu vous-même à votre petite patrie bien-aimée, talonné par l'ennemi, dépourvu de tout, exténué par la fatigue et par la maladie. Pendant longtemps, tous ceux qui vous aiment ont craint pour votre vie, mais Dieu n'a pas voulu que vous nous fussiez enlevé et, de cela encore, nous lui sommes profondément reconnaissants.

Ici, comme au cours de toute votre vie, vous n'avez pas seulement prêché l'Evangile, vous l'avez mis en pratique. Vous n'êtes point de ceux qui disent : « Faites ce que je dis, et non point ce que je fais. »

Si vous n'étiez pas aussi modeste, vous n'auriez pas à craindre de répéter : « Faites ce que je fais. »

Dans cet Evangile dont je parlais tout à l'heure, et qu'une vie déjà longue me permet d'affirmer énergiquement être la vérité, il est écrit que « nul n'arrive à Dieu que par le Christ, et qu'on n'arrive au Christ que par le prochain ».

Avec toute votre compatissante bonté, avec toute votre intelligence, avec tout ce que peut engendrer de dévouement une âme profondément humaine, avec tout votre cœur, vous êtes allé vers le prochain, mon cher abbé Lemire.

C'est pour cela que nous vous admirons, que nous vous respectons, que nous vous aimons.

M. L'ABBÉ LEMIRE. — Vous m'avez touché à l'intime du cœur, mon cher Monsieur Risler, en me rattachant à l'Evangile, source et foyer de ma vie. Et vous avez touché aussi, j'en suis sûr, le cœur de cette Alsace où toutes les confessions chrétiennes se trouvent unies dans un même sentiment d'amour pour Celui qui est le tronc qui nous porte et la sève qui nous nourrit. Soyez-en remercié !

Avant que la parole ne soit à notre rapporteur, permettez-moi d'appeler à nos côtés, avec nos amis M. l'abbé Delsor et M. le général Lebas, Mme Garcin, qui représente ici le vivant souvenir du fondateur des Jardins Ouvriers de Strasbourg, et Mlle Bergmann, en qui nous saluons la fidèle amitié que l'Alsace séparée gardait aux œuvres françaises. Je serais reconnaissant à ces dames de vouloir bien aujourd'hui compléter notre bureau : si je ne suis pas féministe quand il s'agit des lois, je le suis tout à fait quand il s'agit des œuvres.

Le sujet qui nous occupe est d'ailleurs aujourd'hui tout familial. Je suis heureux de laisser la parole à M. Robert Georges-Picot, mon fidèle collaborateur du Coin de Terre, mieux qualifié que personne pour le traiter, parce qu'il joint à l'amour profond de notre Œuvre l'amour et la pratique des vertus du foyer apprises à l'école de son père vénéré, et parce qu'il en a donné l'exemple avant de les prêcher.

Rapport de M. Georges-Picot
sur les Jardins Ouvriers et la Natalité

Mesdames,
Messieurs,

Nous abordons ce soir une question d'apparence délicate, mais rassurez-vous : comme maintes pièces modernes, elle n'a de scabreux que son titre.

« Les Jardins Ouvriers et la Natalité », voilà bien un titre osé. Les rapporteurs n'ont pas craint de le signaler. Celui de Nîmes (Société Saint-Fiacre) écrit notamment : « Ce serait une illusion de croire que les Jardins Ouvriers suffiront à déterminer les parents égoïstes à avoir des enfants. Mais il est vrai de dire que celui qui a des enfants sera toujours heureux d'avoir un jardin. » On ne saurait mieux dire : aussi rebaptiserons-nous l'ordre du jour et donnerons-nous ce titre à la discussion : « La sauvegarde de la famille par le Jardin Ouvrier. »

J'ai compulsé les vingt-cinq rapports adressés, de Roubaix ou de Rennes, de Bordeaux ou de Marseille, du pays où croît le houblon ou des pays de l'olivier; tous les rapporteurs s'accordent sur un point, la passion de l'homme pour son coin de terre, l'attrait qu'exerce le jardin sur tous les membres de la famille : le père y accourt au sortir de l'atelier, me dit-on, la mère y vient avec un réchaud préparer les repas qui seront pris en plein air, les enfants y sont conduits en voiturette et s'y retrouvent à tout âge. Et ce n'est pas seulement le grand air qui les attire, mais bien ce tout petit coin de terre où ils se sentent si bien chez eux.

Le commandant Boucher, de La Rochelle, note en effet : « A chaque création de groupe, j'ai réservé un jardin spécial pour les enfants. J'y avais mis quelques tombereaux de sable. Ils y étaient chez eux. J'ai été obligé d'y renoncer. Aucun enfant n'allait s'y amuser. Les enfants viennent, en effet, en grand nombre aux jardins, mais ils restent dans le jardin de leur famille. »

Même note à Boulogne-sur-Mer : « Le dimanche, on se réunit ensemble au jardin, au lieu de se disperser, les hommes dans les cafés, les femmes chez les voisines. » Ainsi le Jardin Ouvrier regroupe la famille ouvrière.

Voyez plutôt ce petit tableau rapidement brossé par le rapporteur du Mans : « Le jardin est le salon de l'ouvrier. Il y est souvent dès l'aurore. La mère, après avoir mis un peu d'ordre au foyer, arrive à midi au jardin avec les aliments nécessaires au déjeuner de la famille. La soirée va permettre aux petits de prendre leurs ébats au grand air, aux aînés de donner la main au chef de famille ; à la maman, sous la tonnelle, de se livrer aux travaux de couture. »

M. Dumur, de Clichy, résume la pensée de tous en écrivant :

« Le jardin produit un grand rapprochement de tous les membres de la famille. »

Et notre correspondant de Nîmes de conclure :

« Les enfants y viennent avec leurs parents. Ils jouent, ils font quelques menues choses et surtout ils respirent du bon air. Toute la famille est contente et ne philosophe pas plus loin. »

I. — LE JARDIN ET LA TONNELLE REGROUPENT LA FAMILLE

Mais le Jardin Ouvrier ne réalise complètement notre but familial qu'avec son complément naturel, logique, je dirai même nécessaire, de la tonnelle.

Et comme de nombreux rapporteurs signalent encore dans leur groupe de jardins l'absence de tonnelles, je laisse la parole à notre cher président, qui saura vous convaincre de la nécessité de la tonnelle :

« Petit à petit nous avons constaté que nos jardins produisaient mieux que ce qui s'achète au marché, comme le manger et le boire, qu'ils produisaient ce qui dépasse en prix tout argent et ce que nul argent ne fournit, c'est à savoir du *bonheur*, de la *concorde*, de la *beauté*.....

« L'ouvrière ne met pas en semaine sa coiffure fleurie. Elle la réserve pour les fêtes et les dimanches. La tonnelle aussi a sa beauté des grands jours, et sa parure plus exquise des rares circonstances. Car il y a, sous son ombre hospitalière, des fêtes et des réjouissances exceptionnelles auxquelles on convie ses amis.

« C'est à l'anniversaire du mariage, c'est au jour du pardon, dans le vieux bourg de Bretagne, quand on écrit de là-bas qu'on est en fête ; c'est au temps des kermesses flamandes ou des festins normands, quand on envoie du pays quelques victuailles ou le traditionnel gâteau. Alors on sent le besoin de se réunir, et dans cette terre d'exil qu'est l'immense Paris, de faire comme les Hébreux sur les bords des fleuves étrangers, de prendre les instruments de musique, et si on n'en a point, de redire les chants du pays. On a convoqué le frère qui est à l'infanterie de marine ou aux artilleurs de Vincennes, la belle-sœur servante au faubourg Saint-Germain ou à Passy, l'oncle employé au chemin de fer de l'Ouest ou au Nord et à la veille de sa retraite. Ils sont tous là. Et chacun ayant apporté sa part du commun régal, on mange en paix entre les fleurs et la verdure, avec le grand Paris à l'horizon, la Seine, et toujours quelque monument : l'obsédante Eiffel, le Panthéon superbe, le doux Val-

de-Grâce, les tours de Saint-Sulpice, la grave Notre-
-Dame, Montmartre, frais et pimpant. On ne s'arrête
point à ces choses énormes, insignifiantes, qui s'appellent la galerie des Machines ou le Grand-Palais et
qui sont comme des pachydermes trop gros couchés
dans des herbes trop basses. Jamais la vie n'a paru
si douce, ni l'humanité si bonne, ni Paris si beau que
dans cette tonnelle des Jardins Ouvriers.

« Vraiment nous sommes ici dans la *terre de
paix*. »

Ainsi le jardin ouvrier, avec son complément de
la tonnelle, n'apparaît pas comme le coin de terre
exclusif du père, ou de la mère, ou des enfants : il les
groupe et les réunit tous comme en un petit paradis
terrestre.

Mais à l'encontre du jardin biblique où l'homme et
la femme nous sont représentés seuls, le Jardin Ouvrier suppose l'existence d'une famille nombreuse.
Le jardin sans enfant, c'est comme une plante sans
fleur, c'est un non-sens.

Dans le logement étroit, l'enfant apparaît comme
une gêne ; au jardin, il trouve sa place. A l'ombre de
la tonnelle de verdure, les parents peuvent goûter
toutes les joies de la famille : ils ne sentent plus seulement la charge trop certaine d'une famille nombreuse, ils en comprennent toute la douceur.

L'enfant est dans son vrai cadre, on est moins
effrayé de sa venue, et, le jardin exerçant son influence morale, voici qu'on est bien près de la désirer.

C'est en ce sens que M. Janicot, de Vanves, a pu
écrire dans son rapport : « Au jardin ouvrier, le
père ne s'alarme pas de la venue du nouvel enfant. »

Ainsi, sans aller jusqu'à prétendre que le Jardin
Ouvrier développe nécessairement la natalité, nous
devons reconnaître qu'il permet à l'ouvrier de passer

ses loisirs au milieu des siens, de goûter les joies d'une belle et nombreuse famille, et qu'au jardin, dans le cadre poétique de la tonnelle, au milieu des parents et grands-parents, entouré des grandes sœurs, la venue du nouveau-né est mieux comprise et mieux accueillie.

II. — LE JARDIN PRÉSERVE SURTOUT LA FAMILLE CONTRE SES PIRES ENNEMIS : LE CABARET, LE TAUDIS, L'ALIMENTATION INSUFFISANTE.

A. — *Le cabaret.*

M. Chapelain, d'Aubervilliers, écrit « Bien des ouvriers ayant un jardin quittent le cabaret pour peu que la ménagère y mette un peu de complaisance ».

Et le rapporteur de Nîmes ajoute : « Les deux premiers produits du Jardin Ouvrier sont la sobriété et la santé. »

Ceci ne rappelle-t-il pas le mot de cette brave femme de Reims à laquelle M. l'Abbé demandait un jour ce qu'avait produit son jardin et qui répondait avec toute la finesse d'une Champenoise : « Notre jardin a rapporté deux fois la valeur de notre loyer ; une fois avec tous les légumes récoltés, et une seconde fois avec tous les petits verres que mon mari n'a pas bus. »

B. — *Le taudis.*

Il est un autre ennemi de la famille aussi dangereux que le cabaret, c'est le taudis.

Le père sort de l'atelier après huit heures de travail, les enfants reviennent de l'école, tous ont besoin de mouvement et d'air pur. Ils ne trouveront chez eux que la petite chambre, souvent mal aérée, la pièce unique où bout la marmite, où sèche la lessive, et leurs poumons fatigués n'auront à respirer qu'une atmosphère viciée. Toute la famille va s'entasser entre ces murs étroits, où l'air ne sera même pas renouvelé. C'est dans cet intérieur que va pousser cette plante délicate qu'est le jeune enfant, et l'on s'étonne des ravages que feront dans ce milieu la diphtérie ou la tuberculose !

Ici encore le Jardin Ouvrier montre le remède.

Questionnez une de nos mères de famille. Sa réponse vous édifiera. Comme notre président visitait un jeudi les Jardins Ouvriers de Levallois-Perret et posait à une femme la question habituelle :

« Alors, vous venez prendre votre repas ici ?

« — Oui, répondit-elle, le jeudi et le dimanche, quand les enfants sont à la maison et qu'il fait beau. Nous partons dès le matin. Je prends de l'ouvrage avec moi. Nous avons un petit réchaud pour la soupe. Mon mari nous rejoint à midi. *Et toute la journée, les enfants et moi, nous respirons le bon air*, et le dîner nous paraît excellent. *Pendant ce temps, notre pauvre chambre respire aussi;* nous l'ouvrons toute grande, je mets la literie sur la fenêtre, un grand courant d'air traverse tout, et quand nous revenons, il y fait meilleur. »

Oui, nous ne pouvons, malheureusement, d'un coup de baguette magique, supprimer tous les « taudis » de nos grandes villes, mais, suivant la formule imagée de cette brave femme, tandis que toute la famille va respirer au jardin, nous pouvons permettre à la « pauvre chambre de respirer aussi ».

Ainsi, lorsque le père, lorsque les enfants arriveront au jardin, ils y trouveront l'air pur dont leurs poumons ont besoin, le travail au grand air qui vaudra pour eux le meilleur exercice de sport, et quand toute la famille rentrera dans la pauvre chambre bien aérée, « il y fera meilleur ».

C. — *L'alimentation insuffisante.*

Enfin le jardin variera l'alimentation ouvrière. Le travailleur a besoin d'une nourriture saine et variée. La ville lui offre des légumes coûteux, défraîchis et pollués. Ils ne paraîtront sur sa table qu'après une ou deux journées sous la chaleur et dans la poussière, après avoir perdu leurs meilleurs principes nutritifs.

Souvent même, la mère, employée à l'usine et rentrée trop tard pour faire bouillir la marmite, est passée en hâte chez le charcutier et n'offre au père et aux enfants qu'une alimentation peu digestive.

Avec le jardin, tout change : écoutez plutôt nos rapporteurs.

« Le jardin, bien composé de légumes divers, écrit-on de Douai, transforme la nourriture de l'ouvrier en lui assurant une alimentation variée. »

Et de Boulogne-sur-Mer: « La mère de famille prend l'habitude de substituer à la charcuterie indigeste qu'elle donnait à ses enfants une bonne soupe bien chaude apprêtée avec les légumes du jardin. »

De Guines-en-Calaisis : « On fait plus de cuisine, et les santés sont meilleures. D'où raréfaction de la tuberculose. »

Notre correspondant de Saint-Ouen ajoute : « De plus en plus nos familles en viennent à ne consommer que leurs produits ; produits incomparables par leur fraîcheur. »

N'avais-je pas raison de dire que l'alcool, le taudis, l'alimentation insuffisante, ces trois ennemis de la santé familiale, trouvaient un antidote au Jardin Ouvrier ?

On s'explique alors la conclusion de M. Janicot, de Vanves : « J'ai constaté depuis la fondation du groupe le renouveau de santé sur la mine de chaque enfant. »

III. — PROGRAMME D'ACTION

1° Tout d'abord nous ne devons jamais oublier que le Jardin Ouvrier n'est pas une œuvre individuelle, mais une œuvre essentiellement familiale.

Il est fait pour la famille, c'est-à-dire pour l'enfant, et plus les familles de jardiniers seront nombreuses, plus l'Œuvre pourra faire de bien. Aussi ne saurait-on trop encourager les Œuvres à réserver les jardins aux familles comptant au moins trois enfants.

Certaines Œuvres, comme celle de Saint-Ouen, près Paris, réservent leurs jardins aux familles de cinq enfants au moins. De même, pour ses 411 jardins ouvriers de Bordeaux M. Cazalet compte 1721 enfants, soit près de quatre et demi par famille, et un de nos groupes d'Aubervilliers dépasse la moyenne de cinq enfants par jardin.

Certains groupes ont cherché à étendre le jardin au fur et à mesure des naissances. Un grand propriétaire des environs de Châteauroux a ainsi fait choix de la meilleure de ses terres, située à proximité du bourg, et a donné un jardin à chaque famille d'ouvrier agricole, en ayant soin de laisser libre l'extrémité des lots, de telle façon qu'à chaque naissance nouvelle on pût mettre une rallonge au jardin.

Une telle œuvre suppose beaucoup de terrain et reste d'une réalisation difficile. Par contre, il est toujours possible de donner par exemple un petit jardin de 200 mètres à la famille d'au moins trois enfants, et de lui en concéder un second lorsque la famille atteint cinq ou six enfants. Le rapporteur de Reims écrit : « Un jeune ménage avec deux enfants ne peut avoir qu'un demi-jardin de 150 mètres ; avec quatre enfants, il a droit au jardin entier de 300 mètres. » De même le Coin de Terre et du Foyer tourquennois relate : « Nous avons deux séries de jardins, de 150 et de 200 mètres, que nous attribuons suivant le développement de la famille. »

Excellente mesure qui seule peut permettre de grouper le nombre d'enfants nécessaires pour constituer les Œuvres de patronage, les Œuvres de jeunesse qui apparaissent comme le complément harmonieux d'un groupe de Jardins Ouvriers : apprentissage agricole pour le jeune garçon, écoles de cuisine et de ménage pour les jeunes filles, centres d'hygiène et centres d'élevage comme ceux de Mme Gonse-Boas, à Longueau.

2° Le jardin centre d'enseignement ménager.

Sans vouloir médire de nos écoles primaires, il n'est que trop certain qu'elles se consacrent trop souvent à la formation de futurs fonctionnaires ou employés. Le jardin, au contraire, avec ses écoles de cuisine, d'horticulture, de couture, formera des jardiniers, des ménagères, des mères de famille, et par là il contribuera utilement au développement et à la sauvegarde de la race.

3° Nous avions posé une dernière question à nos rapporteurs : avez-vous réalisé des dots terriennes ? Bien peu nous ont répondu. Un d'entre eux même a traité la question « d'utopie ».

A ce sceptique, je signalerai l'Œuvre créée à Orléans par le chanoine Rivet. Lorsque je la visitai, il y a une douzaine d'années, trente jeunes ménages ouvriers avaient déjà reçu, au jour de leur mariage, un coin de terre en dot viagère. Certains en jouissaient déjà depuis vingt-cinq ans, et chaque dimanche enfants et petits-enfants se groupaient au jardin autour des grands-parents. Le vrai foyer de famille n'était plus la chambrette en ville devenue trop étroite, mais le clos béni d'où nul propriétaire ne pouvait expulser les grands-parents et où l'aïeul était assuré, sa vie durant, de pouvoir accueillir tous les siens.

Ainsi à l'heure où chaque Français sent que la protection et le développement de la race est la question vitale entre toutes, le Jardin Ouvrier montre au travailleur qu'il n'est en cette vie de bonheur plus sûr que celui du foyer, et qu'il peut accepter sans trop de crainte la douce pensée d'une famille nombreuse ; il préserve les enfants par une alimentation et par une vie plus hygiéniques; enfin, par ses œuvres annexes, il forme les futurs jardiniers et les futures mères de famille de demain.

A l'heure où nous sommes aux prises avec la crise effroyable de la vie et de la race, n'hésitons pas à dire bien haut qu'il n'est pas d'œuvre plus sociale et plus nationale que la nôtre.

Comme conclusion de ce rapport, nous proposons au Congrès d'émettre les trois vœux suivants :

1° Considérant que les Jardins Ouvriers sont par essence une œuvre familiale et qu'ils produisent des effets d'autant plus heureux qu'ils s'adressent à une famille plus nombreuse,

Le Congrès émet le vœu que les Jardins Ouvriers soient réservés de préférence aux familles les plus nombreuses et que, dans la mesure des possibilités, la portion concédée à une famille soit étendue lorsque la famille s'accroît en nombre ;

2° Le Congrès émet le vœu que les comités de dames se préoccupent de plus en plus d'organiser à côté des jardins des œuvres annexes protégeant l'en-

fance (gouttes de lait, mutualités maternelles, etc...)
et se préoccupent de former les filles de jardiniers
à leur futur rôle de ménagères et de mères de famille ;

3° Le Congrès émet le vœu que l'idée des dotations
terriennes, si heureusement réalisée à Orléans, soit
généralisée sous la double forme de dot terrienne
aux jeunes ménages comme gage de leur famille à
venir, et de dotation aux parents de famille nombreuse comme contribution aux charges qu'ils ont
acceptées.

M. Risler félicite M. Georges-Picot de ce rapport vécu,
qui ne suggère pas seulement des idées, mais qui évoque
des réalisations. L'une des plus intéressantes est sans con-
tredit celle de la Dot terrienne. Il y a là une expérience
à renouveler, une voie à suivre.

M. le Dr Delbecq. — Ainsi que je le rappelais hier,
la pratique de la dotation terrienne depuis deux siècles
à Fort-Mardyck, a donné des résultats remarquables. A
Loon-Plage et à Gravelines, des terres avaient été de même
réservées aux marins ; mais au lieu d'être attribuées individuellement à tout jeune ménage comme à Fort-Mardyck, elles constituent présentement une jouissance en
commun dont on se partage le bénéfice, ce qui réduit le
privilège à fort peu de chose : seule la dot terrienne individuelle réalise un bienfait réel et durable, dont la portée
morale est considérable.

M. de Morry demande à exposer ensuite au Congrès
les rudiments d'un projet qu'il étudie en vue de mettre
à la disposition de familles ouvrières lyonnaises un vaste
terrain qui se trouve présentement à vendre à Ecully.
Le projet consisterait à acheter le terrain (on grouperait
aisément sur place les capitaux nécessaires), à lotir en
parcelles de 400 à 500 mètres, et à louer ces parcelles en
procurant à portée des occupants des matériaux à bon
compte, de façon à ce qu'ils puissent construire eux-
mêmes, en évitant les frais de main-d'œuvre. De la sorte,
ils pourraient, en versant une annuité sensiblement égale
au loyer qu'ils eussent dû payer à Lyon, devenir en vingt-

cinq ans propriétaires et du terrain et de la maison. L'entreprise peut-elle être tentée ? a-t-elle chance de procurer le bien qu'elle se propose ?

M. L'ABBÉ LEMIRE. — L'entreprise n'est pas impossible en principe, surtout si l'on fait appel au Crédit Immobilier. Elle a été réalisée plus d'une fois, notamment au Havre, avec plein succès. La Ligue du Coin de Terre et du Foyer servirait très volontiers d'intermédiaire pour faire bénéficier M. de Morry des expériences acquises.

Différents vœux sont proposés à l'assentiment du Congrès. Le premier concerne la préférence à donner aux familles nombreuses dans l'attribution du jardin. Je crois que sur ce point l'avis est unanime ?

M. PHILIPPE. — A Versailles, nous donnons la préférence aux familles nombreuses d'abord, ensuite aux mutilés, puis aux veuves de guerre, enfin aux jeunes ménages, parce que nous estimons utile aussi de les encourager.

M. AIGUIER. — Notre règle est à peu près la même à Marseille. Nous avons eu quelque embarras quand l'Assistance par le Travail nous a demandé de joindre l'administration de ses jardins à celle de nos Jardins de Famille : nous nous trouvions dans ce nouveau groupe en face de nombreux ménages sans enfants ou à enfant unique, 30 % environ. Il était dur de les renvoyer ; il était impossible, pour la bonne règle, de les garder. Nous leur avons fait connaître notre règlement, tout en leur donnant un délai de treize à quinze mois pour céder la place. Et comme ils se sont vus remplacer par des familles vraiment nombreuses, ils se sont soumis, je dois le dire, sans aucune difficulté.

M. ROZAIRE, *délégué de l'Association des Jardins Ouvriers de Troyes.* — La question du retrait du jardin n'est pas moins délicate que celle de son attribution. Parmi les œuvres représentées au Congrès, en est-il dont le règlement limite la durée de jouissance du jardin, de façon, par exemple, à pouvoir le retirer au concessionnaire le jour où il n'a plus d'enfants à sa charge ?

M. PHILIPPE. — A Ville-d'Avray, nous nous sommes trouvés en présence de plusieurs familles dans ce cas : les enfants avaient grandi, s'étaient mariés, l'aisance était venue... Nous avons dit aux parents : Le jardin vous a rendu service tant que vous en aviez besoin ; maintenant, il est juste de le passer à d'autres, qui en ont besoin à leur tour. Ces braves gens l'ont compris, et ils sont partis.

M. GEORGES-PICOT. — Ce point de vue est juste. Cependant, il y a intérêt aussi à assurer la jouissance durable du jardin aux familles nombreuses, qui, la plupart du temps, en raison même de leurs charges, se trouvent dans l'impossibilité d'économiser et de parvenir à la propriété. J'ai vu ainsi une famille de onze enfants, concessionnaire d'un de nos jardins depuis dix ans, obligée trois fois de déloger par suite de la reprise du terrain. C'est pourquoi je rêve que notre Ligue du Coin de Terre, en devenant propriétaire, puisse constituer un groupe dont les petits clos seraient plus particulièrement l'apanage et la récompense durable de la tâche familiale largement accomplie.

M. L'ABBÉ LEMIRE. — Le second vœu proposé à l'assentiment du Congrès concerne l'usage de la tonnelle, qu'il souhaite de voir généralisée et pour cela inscrit au règlement.

L'expérience de nos directeurs d'Œuvres est sur ce point unanime : sans tonnelle, pas de réunion de famille au Jardin. Le meilleur bienfait de l'œuvre est perdu.

M. GASTON TESSIER, *secrétaire général de la Confédération française des Travailleurs chrétiens.* — Le Congrès est certainement unanime à souhaiter que tout jardin ouvrier soit muni d'une tonnelle pour y permettre la réunion de la famille. Mais cette réunion de la famille au jardin ne peut être complète que si elle a lieu le dimanche. Il faudrait donc, pour qu'elle le fût, que la loi sur le repos hebdomadaire fût appliquée aussi rigoureusement que possible, sous forme du repos dominical collectif.

Je propose au Congrès d'émettre un vœu en ce sens.

M. L'ABBÉ LEMIRE. — Nous l'adjoindrons volontiers au vœu concernant la tonnelle.

Avant de mettre aux voix le vœu concernant l'opportunité d'annexer aux Jardins Ouvriers une organisation d'enseignement ménager, je serais heureux que Mlle Dormont voulût bien signaler les résultats obtenus sur ce point à Versailles.

Mme DORMONT. — L'Ecole Ménagère adjointe aux Jardins Ouvriers des Petits-Bois fonctionne depuis mai 1909. Elle compte en moyenne vingt élèves, appartenant aux familles des jardiniers. Ces jeunes filles sont réunies chaque semaine dans un local situé à l'entrée des Jardins ; elles sont réparties en deux groupes ; tandis que les unes préparent ou cuisinent des mets dont les légumes récoltés au jardin fournissent la base et qu'elles emporteront ensuite dans leurs familles, les autres s'exercent à la couture et au raccommodage. L'enseignement complet comporte deux années. Nous constatons un progrès marqué dans l'assiduité. Le jardin est d'autant plus apprécié qu'on sait mieux tirer parti de ses produits : c'est notre but immédiat. Mais nous nous efforçons de donner aux enfants de bons principes généraux d'économie domestique, qui leur soient utiles toute leur vie.

Mme GARCIN donne à ce propos des renseignements fort intéressants sur l'organisation remarquable de l'enseignement ménager à Strasbourg, enseignement très complet qui comprend la puériculture, et qui prépare la jeune fille à tous les devoirs du foyer.

M. le Dr DELBECQ fait remarquer que toutes les œuvres ayant pour but de préconiser l'hygiène du foyer, et particulièrement l'hygiène infantile, sont parfaitement à leur place à côté des Jardins Ouvriers, œuvre d'hygiène familiale par excellence.

Il rappelle les admirables résultats obtenus à Longueau et signalés à l'une des précédentes séances par Mme Gonse-Boas : la mortalité infantile tombée de 16 % à 0,8 %, par suite de l'enseignement théorique et pratique que donne le dispensaire d'hygiène maternelle adjoint à la Cité-Jardin.

Il demande en conséquence à l'Assemblée d'attirer l'attention des directeurs d'Œuvres de Jardins Ouvriers, et en particulier des Comités de dames qui s'y intéressent, sur l'opportunité d'y adjoindre des œuvres annexes d'hygiène familiale et surtout infantile.

M. HENRI BÉNÉVENT, *secrétaire général de la Fédération des Associations familiales de la région parisienne*, exprime la satisfaction qu'il a éprouvée à entendre proclamer par tous les orateurs du Congrès les liens étroits qui existent entre les Jardins Ouvriers et les intérêts vitaux de la famille. Constatant que l'Œuvre du Coin de Terre se trouve ainsi en harmonie profonde avec l'esprit et le but de la Fédération qu'il représente, il propose au Congrès d'émettre le vœu que chaque Association familiale existant en France organise au profit de ses membres un groupe de Jardins Ouvriers qui prenne place dans la Fédération nationale constituée par la Ligue du Coin de Terre, et que, d'autre part, les Œuvres de Jardins Ouvriers invitent leurs bénéficiaires à adhérer aux Associations familiales déjà existantes ou à en constituer au besoin.

Ces divers vœux, mis aux voix, sont adoptés à l'unanimité.

VŒUX ÉMIS PAR LE CONGRÈS

EN CONCLUSION DE LA QUATRIÈME SÉANCE

Les Jardins Ouvriers et la Natalité

Considérant que l'Œuvre des Jardins Ouvriers est une œuvre dont l'inspiration et le but ont un caractère essentiellement familial, le Congrès émet les vœux suivants :

Premier vœu.

Que les Jardins Ouvriers soient toujours réservés de préférence aux familles nombreuses et que, autant qu'il est possible, la portion concédée soit étendue lorsque la famille s'accroît en nombre.

Deuxième vœu.

Que partout soit adjointe au Jardin Ouvrier une tonnelle pour permettre à la famille de s'y réunir, et que le jour de repos soit autant que possible pour tous ses membres le même, de façon à ce que cette réunion soit complète.

Troisième vœu.

Que les soins des directeurs d'œuvres de Jardins Ouvriers, et en particulier des comités de dames qui s'y intéressent, soient orientés vers l'organisation des œuvres annexes, mutualités maternelles, préservation de l'enfance, formation des jeunes filles au ménage, à la puériculture, à l'hygiène familiale, par des cours pratiques appropriés à ces divers buts.

Quatrième vœu.

Que l'idée d'une dotation terrienne, dont la réalisation a été si heureusement tentée à Orléans, soit reprise et généralisée sous la double forme de dot terrienne aux jeunes ménages et de dotation aux parents de familles nombreuses.

Cinquième vœu.

Que les Associations familiales existant dans les diverses régions organisent au profit de leurs membres des groupes de Jardins Ouvriers se rattachant à la Fédération des Jardins Ouvriers de France, et que, d'autre part, les pères de famille bénéficiaires de jardins ouvriers soient invités à adhérer aux Associations familiales.

CINQUIÈME SÉANCE

L'Organisation pratique des Jardins Ouvriers

Présidence de M. le Docteur DENIS

Président de l'Association Orléanaise des Jardins Ouvriers

La séance est ouverte à 9 heures.

Autour de M. le Dr Denis, qui préside, M. l'abbé Lemire invite à prendre place, avec M. Georges-Picot et M. Droulers, rapporteur, plusieurs directeurs d'Œuvres : M. Ducrocq, de Lille, M. Dewavrin, de Tourcoing, Mme Lemasson, des Réformés de Saint-Ouen, M. Philippe, de Versailles, M. l'abbé Rabier, de Blois, M. Rozaire, de Troyes, M. Aiguier, de Marseille. Puis il remercie M. le Dr Denis de sa présidence et se plaît à saluer en lui le représentant au Congrès du corps médical et de la fidèle tradition qui n'a jamais cessé de l'attacher à nos Œuvres.

Allocution de M. le Docteur Denis

Présider une des séances du Congrès national des Jardins Ouvriers quand, depuis de longues années, on s'est donné à cette belle œuvre sociale d'entr'aide par le travail, c'est assurément un très grand honneur ; mais occuper pour un instant le fauteuil de la présidence dans Strasbourg redevenue française, c'est, lorsqu'on a soi-même payé si cher la victoire, un honneur et une joie qui se doublent d'une émotion intense.

De cet honneur dont je sais tout le prix, et de cette joie dont je sens toute la profondeur, je vous suis redevable, cher Monsieur l'Abbé.

Laissez-moi donc vous adresser mes remerciements très sincères, ainsi qu'à vos distingués collègues du bureau qui ont bien voulu ratifier un choix uniquement légitimé, je vous l'assure, par l'attachement que j'éprouve pour votre Œuvre terrienne et familiale.

Pour terminer le cycle des rapports qui, cette année, vous sont soumis, nous avons à discuter ce matin l'organisation pratique des Jardins Ouvriers, et comme je sais quel profit nous devons retirer du rapport qui nous sera présenté — puisque la Commission a eu l'heureuse pensée de le confier au distingué vice-président de la Ligue, dont tous ici connaissent le dévouement, la compétence et l'activité, — je me garderai de retenir trop longtemps votre attention.

Vous me permettrez bien cependant de vous entretenir succinctement d'un sujet angoissant pour ceux d'entre vous qui éprouvent les pires difficultés, non seulement pour augmenter, mais même pour maintenir leurs effectifs de jardins : en pareille matière, ne pas avancer, c'est reculer, et nous ne voulons pas reculer.

La fondation et le développement de nos Sociétés — et j'entends laisser de côté ici les sociétés patronales et les sociétés d'organisation municipale — me paraît fonction de *trois éléments essentiels*, étant entendu que les sociétaires actifs des Jardins Ouvriers ne font jamais défaut :

      des dévouements,

      des fonds,

      des terrains.

A une époque où les préoccupations sociales sont si grandes, et dans un pays comme la France, où les cœurs généreux aimant à se donner et à servir sont si nombreux, nous trouverons toujours en faveur des Œuvres terriennes des dévouements, ainsi que l'argent nécessaire pour la bonne marche de nos sociétés.

Ce n'est pas là que se trouvent nos principales préoc-cupations. J'ose dire que, pour les grandes villes surtout, si nous sommes arrêtés dans notre extension, nous le devons à la pénurie de terrains proches des agglomérations urbaines et susceptibles d'être convertis en jardins.

Dans la pratique, les Conseils d'administration se heurtent à deux difficultés principales.

Ou il existe dans la périphérie urbaine peu de terrains disponibles, et c'est trop souvent le cas de nos grandes villes de province ; dans semblable crise, nous ne pouvons lutter que par des expédients et de l'ingéniosité en restant, par relations, à l'affût de toutes les vacances qui peuvent se produire.

Ou, s'il existe des terrains disponibles pouvant être appropriés, on nous les propose soit avec des baux de courte durée, soit à des prix de location ou d'achat qui grèvent de façon trop lourde le budget de nos sociétés.

L'idéal — on le rappelait hier — serait que nous puissions devenir propriétaires de nos jardins ; mais comment y parvenir par les seules ressources de budgets qui restent maigres malgré les concours pécuniaires que nous rencontrons, eu égard aux gros prix actuels de vente des terrains ?

Solliciter des legs ou faire acquérir par un tiers généreux tel terrain qui nous serait abandonné ou vendu fictivement, c'est là une solution élégante, mais est-ce bien une solution sur laquelle nous soyons en droit de fonder des espoirs excessifs ?

Se constituer en société approuvée par l'Etat et obtenir ainsi des fonds à 2,50 % comme les Sociétés de Crédit Immobilier ? Il ne semble pas que cela nous soit possible dans l'état actuel de la législation. Pourrions-nous d'ailleurs devenir, par ce moyen, propriétaires, que ces fonds, il les faudrait rembourser, et je me demande si nos Œuvres seraient en mesure, avec leurs économies annuelles, même en augmentant leurs loyers, d'amortir les grosses sommes immobilisées par l'achat de nos groupes de jardins.

Pour ma part, au milieu de ces difficultés qui sont de tous les jours, je me retourne volontiers vers un organisme — la Caisse d'Epargne — dont la collaboration avec les Jardins Ouvriers me semble des plus souhaitables et près de laquelle, à plusieurs reprises, les ministres de la Prévoyance sociale ont fait un appel en faveur de nos Sociétés.

Il ne faut pas oublier que les Caisses d'Epargne doivent leur fortune à la multitude des petits déposants qui ont eu confiance en elles, et parmi lesquels figurent souvent des membres de nos Œuvres.

Au lieu d'entasser de grosses sommes à la Caisse des Dépôts et Consignations, il me semble que les Caisses d'Epargne feraient œuvre de bon sens — voire peut-être de justice — en laissant retomber, dans la limite de leurs moyens, sur nos œuvres et sur des œuvres analogues, une manne bienfaisante qui serait à ces œuvres de grande utilité.

De cela, je suis convaincu depuis longetmps. Et c'est pour cette raison que je me permets d'insister encore sur cette question.

En quoi donc, dans l'état actuel de la législation, les Caisses d'Epargne peuvent-elles aider les Jardins Ouvriers ?

Utilisant soit leurs bonis, soit leur fortune personnelle — et vous n'ignorez pas, Messieurs, que la fortune personnelle des Caisses de France atteint, à l'heure actuelle, un chiffre d'environ 250 millions, — les Caisses d'Epargne peuvent soit subventionner nos œuvres, soit leur consentir des prêts, soit créer elles-mêmes des jardins et les aménager en vue de la location.

Les subventions sont généralement puisées sur les bonis annuels. Depuis décembre 1921 et pendant cinq années, les Caisses d'Epargne, dont la fortune personnelle représente au moins 2 % du total des impôts à la fin de l'année écoulée, peuvent employer une somme égale à la moitié des bonis de cette année écoulée en faveur d'Œuvres locales de prévoyance ou d'assistance.

Par une expérience personnelle, je connais les services que nous rendent ces subventions annuelles, — dont nous ne saurions trop remercier les Conseils de Caisses d'Epargne — pour améliorer nos terrains et les doter en particulier des eaux dont ils ont si grand besoin. Mais, comme les bonis sont le plus souvent répartis entre des Œuvres nombreuses, les sommes dont nous nous trouvons être les heureux bénéficiaires ne sauraient permettre l'acquisition de terrains, but à poursuivre par les dirigeants de nos Sociétés concurremment avec la conclusion de baux de longue durée, si nous voulons donner à nos jardiniers la certitude que nos efforts ne seront pas annihilés par la résiliation rapide et forcée de nos contrats.

Je ne vous redirai pas ce que je pense des prêts que la loi nous permet de demander à la fortune personnelle des Caisses d'Epargne : sauf des cas exceptionnels, ils sont un boulet lourd à traîner pour des Sociétés qui n'ont à leur disposition que des ressources très modestes.

Reste donc la création de Jardins Ouvriers par les Caisses d'Epargne elles-mêmes.

Certes, nous ne serons jamais trop nombreux, dans les grands centres en particulier, pour nous consacrer à cette grande idée des Jardins Ouvriers, et l'émulation est chose à encourager.

Mais cet effort, à ma connaissance, est relativement rare, les Conseils d'administration des Caisses d'Epargne ne se souciant pas d'entrer dans les mille détails de la fondation et de l'administration d'une Œuvre de Jardins Ouvriers.

Si bien que cette disposition législative ne me semble pas, dans la pratique, donner les résultats qu'on en pourrait souhaiter.

Et je me demande alors, — c'est là que j'en voulais venir, — s'il ne serait pas plus intéressant pour l'avenir de nos Œuvres d'obtenir des Caisses d'Epargne de prendre sur leur fortune personnelle les sommes nécessaires à l'acquisition de terrains qu'elles ne convertiraient pas elles-mêmes en jardins, mais qu'elles nous concéderaient, moyennant un loyer annuel ; et, détail à souligner, avec des baux de longue durée.

La chose est-elle légalement possible ? Hippocrate disait oui et Gallien disait non. J'ai donc voulu le savoir de façon sûre, et voici la réponse qui m'a été faite. Je vous la donne intégralement, avec l'espoir que vous aurez profit à la connaître.

La loi du 5 décembre ne paraît contenir aucune disposition de nature à interdire la combinaison envisagée. Sans doute, elle ne prévoit formellement que le concours financier donné à une Société de Jardins Ouvriers sous forme de prêt : mais, dans la circulaire du 22 février 1922, M. le Ministre de l'Hygiène a recommandé aux Caisses d'Epargne, en ce qui concerne la gestion de leurs bains-douches, d'examiner « si, dans l'intérêt du rendement de la fortune personnelle, il ne serait pas plus avantageux, au lieu d'assurer directement l'exploitation de l'établissement, de laisser à un tiers, moyennant une redevance déterminée représentant une rémunération normale du capital engagé, la responsabilité de la gestion de l'entreprise ».

Ceci tendrait à prouver que l'Administration ne voit pas en principe d'une manière défavorable les Conseils des Directeurs placer entre eux et les bénéficiaires des Œuvres sociales qu'ils créent un intermédiaire chargé d'en assurer la bonne marche.

Avec cet exposé, je n'ai pas la prétention d'avoir épuisé la question que j'ai soulevée devant vous.

Je souhaite bien vivement que d'autres suggestions d'un intérêt pratique immédiat nous soient apportées, qui nous permettraient d'envisager l'avenir de nos jardins non pas avec plus de confiance, — nous avons foi dans l'avenir — mais avec la perspective de préoccupations réduites au strict minimum en ce qui concerne la pérennité de nos créations de Jardins. C'est que le Jardin Ouvrier répond à de si grands besoins !

Honneur à vous, cher Monsieur l'Abbé, pour en avoir compris, un des premiers, la beauté, la grandeur, l'efficacité, et pour vous être fait, à travers la France, avec une conviction inlassable, le Pierre l'Ermite de cette croisade !

Le Jardin Ouvrier aide si puissamment la famille dans sa lutte contre les difficultés de la vie, que nous devons faire l'impossible pour qu'il ait la *durée* partout où nous le créons.

Dans notre vieille France, dans notre démocratie qui se doit de poursuivre inlassablement la lutte en faveur du progrès moral et social, il y a encore, hélas! bien des misères et bien des injustices. Tout en nous inclinant devant cette loi de la nature et de la vie universelle qu'est l'inégalité, nous voulons nous pencher dans un esprit de charité et de justice vers ceux qui peinent, et leur permettre de profiter, toujours plus nombreux, des bienfaits du Jardin Ouvrier, ce jardin qui est une école de prévoyance et de solidarité, une remise en honneur du travail de la terre, — et qui intéresse donc à la fois l'hygiéniste, le sociologue et le moraliste, parce qu'il a une répercussion heureuse sur la valeur physique, sociale, familiale et morale de celui qui en bénéficie.

M. L'ABBÉ LEMIRE remercie M. le Dr Denis de ces considérations animées d'un esprit si élevé, inspirées par un attachement si profond aux Jardins Ouvriers, éclairées aussi par une longue expérience et par un sens éminemment pratique des besoins urgents de nos Œuvres. Il invite les présidents ou administrateurs de Jardins à retenir en particulier les suggestions du Dr Denis pour agir individuellement auprès des directeurs de Caisses d'Epargne en vue d'obtenir par leur intervention soit des prêts d'argent, soit des locations de terrains, qui assurent la perpétuité de leurs œuvres.

La parole est à M. Droulers, vice-président de la Ligue du Coin de Terre et du Foyer, pour exposer l'état présent des Jardins Ouvriers en France, sous le rapport de l'organisation pratique de l'Œuvre.

Rapport de M. Charles Droulers sur l'organisation pratique des Jardins Ouvriers

MESDAMES, MESSIEURS,

Après avoir examiné et admiré sur place ce qui a été accompli ici, dans cette grande, belle et noble ville, pour conférer à l'ouvrier la jouissance d'un coin de terre, il me semble que je ne puis sans impertinence faire un discours sur l'organisation pratique des jardins ouvriers.

Dans cette Alsace à la fois idéaliste et positive, les réalisations charitables se présentent avec un ordre, une méthode, un souci du détail que le reste de la France vous envie.

Nous viendrions ici non pour donner, mais pour recevoir des leçons.

Je devrais donc me taire.

Mais notre Congrès est un Congrès national. Je suis devant les représentants de toute la France. Et d'autre part il se trouve dans cet auditoire non seulement les directeurs des Œuvres d'aujourd'hui, mais les fondateurs et les chefs des Œuvres de demain.

L'Œuvre des Jardins Ouvriers, Mesdames et Messieurs, ne connaît pas le piétinement sur place. Elle a pris, depuis la guerre surtout, un développement inattendu. Les loisirs créés par la loi de huit heures, tout un ensemble de mesures législatives donnant à l'ouvrier des villes et des campagnes le crédit qui lui manquait, les phénomènes économiques comme la cherté de la vie et la hausse des denrées de première nécessité, tout cela a concouru, tout cela concourt de plus en plus à accentuer le retour à la terre.

Comment notre Ligue s'est-elle adaptée aux besoins nouveaux de la démocratie laborieuse ? Comment se prête-t-elle à ce grand mouvement qui se dessine dans tous les pays civilisés ? Quels progrès, quels perfectionnements peut-elle apporter à son organisation ? C'est la question que je me propose d'examiner non pas seulement devant vous, mais avec vous, réclamant de vous non seulement — suivant le cliché traditionnel — une bienveillante attention, mais une active collaboration qui pourra s'exprimer par toutes les remarques et suggestions dont vous voudrez bien me faire part.

NAISSANCE DE LA FÉDÉRATION

Le 3 août 1909, la Ligue avait été reconnue d'utilité publique. Elle était ainsi toute désignée pour devenir la Fédération des Jardins Ouvriers de France.

Mais c'est seulement le 7 novembre 1920 que cette Fédération a pris corps. Ce jour-là, dernier jour du cinquième Congrès, sa naissance était dûment constatée et enregistrée.

Autour du drapeau de la Ligue se sont groupées les œuvres, les associations désireuses d'assurer, d'intensifier leur action : Œuvres des provinces les plus diverses, Associations de bienfaisance, Jardins de famille, Jardins d'enfants, Jardins de la métropole ou des colonies, ont cédé au besoin irrésistible de s'unir en faisceau.

La Fédération est un organe de diffusion et de propagande. Elle sème l'idée par son Bulletin, ses Congrès et ses Conseils régionaux.

L'association locale installe, trouve sur place les terrains, les lotit, les distribue ; mais elle impose certaines conditions. Elle rédige un règlement.

Le règlement sera la troisième question que nous pourrons, si vous le voulez bien, examiner ensemble.

MÉCANISME DE LA FÉDÉRATION

Quel est le mécanisme de la Fédération ? Elle se compose d'un Conseil national séant à Paris, 26, rue Lhomond, de groupements régionaux et d'Œuvres locales.

Le Conseil national, composé de douze membres, administre la Fédération, donne l'impulsion aux groupes régionaux, rédige le bulletin.

La France a été divisée en régions qui correspondent aux divisions de corps d'armée. Fonctionnent dès à présent : l'Ile de France, avec Paris comme siège ; l'Est, avec Nancy ; la région de l'Olivier, avec Marseille ; l'Oise, avec Beauvais ; le Nord Maritime, avec Boulogne-sur-Mer comme capitale.

Dans chaque province, les représentants des Sociétés rattachées à la Ligue s'assemblent deux fois par an, au printemps et à l'automne, à l'effet d'examiner les intérêts régionaux de l'œuvre.

Le Groupement régional est administré par un bureau composé d'un président, d'un vice-président, d'un secrétaire et d'un trésorier élus par l'assemblée régionale au cours de la session d'automne.

La nomination du président est soumise à l'agrément du Conseil national.

Jusqu'ici, les œuvres locales s'étaient passées de cet organisme nouveau que nous appelons le groupement régional.

Nous avons pensé que le moment était venu de le créer.

Un mouvement irrésistible pousse en ce moment notre pays vers la décentralisation. Il replace la cité : grande ville, commune modeste, ou simple village, dans son cadre naturel : la province.

Pour les Œuvres, aussi, le moment est venu de suivre cette évolution.

Déjà, sans attendre notre appel, les Sociétés de certaines villes ou régions avaient trouvé avantageux de briser les cloisons étanches qui les séparaient les unes des autres. A Roubaix, par exemple, au lendemain de la guerre, les Œuvres de Jardins Ouvriers s'étaient fédérées. A Valenciennes, on avait créé l'Union des Jardins de la région.

La Ligue a voulu donner une consécration en quelque sorte officielle à cet état de choses. Elle a voulu reconnaître, approuver, sanctionner l'existence des groupements régionaux déjà formés. Elle a voulu encourager la formation des groupements à naître, leur proposer un règlement uniforme, définir les relations entre Paris et la province.

BUT DU GROUPEMENT RÉGIONAL

D'après cette charte, le groupement régional a un double but : 1° créer, soutenir, développer les Œuvres de la province ; 2° communiquer au Conseil national les idées, les desiderata des Œuvres locales et *vice versa*.

Il assure ainsi une sorte de circulation qui vivifie les différents organes d'un grand corps. Conseil national et Œuvres locales ont désormais un trait d'union, un lien, pour le plus grand bien de tous.

Mais le Groupement régional ne se contente pas d'être une boîte aux lettres et une flèche indicatrice. Il est un organe qui a sa vie propre, qui prospère ou qui languit suivant l'activité et le dévouement de ses dirigeants. Il a son budget. Il peut recevoir personnellement des dons et legs, comme aussi des subventions du Conseil national.

Il semble même qu'une fonction particulièrement importante et délicate rentre dans ses attributions : celle de la propagande.

Les Œuvres locales sont absorbées par les soucis de la direction et les soucis de la culture sur le domaine plus ou moins étendu qu'elles ont trouvé. Leur horizon s'étend sans doute assez loin dans le temps, mais assez près dans l'espace.

Quant au Conseil national, il lui sera toujours difficile d'organiser la propagande dans les provinces éloignées de Paris, parce qu'il les connaît mal, ou imparfaitement. Il ignore leurs ressources, leur mentalité. Il ne saura pas frapper aux bonnes portes et il ne trouvera ni l'argument qui impressionne, ni l'homme appelé à devenir un auxiliaire précieux. Il jettera fatalement beaucoup de poudre aux moineaux.

Le véritable organe de propagande est celui qui se trouve au centre de la région, poste d'écoutes, centre d'observations incomparable. On y parle la même langue, on y a le même accent. On s'y retrouve au jour du marché, aux grandes foires, aux grandes fêtes. On y est plus ou moins cousins. Si on ne connaît pas telle personne, on connaît du moins quelqu'un qui la connaît. Cela est d'importance. Car vous n'ignorez pas, Messieurs, que la grande affaire, lorsqu'on veut créer une Œuvre, c'est de trouver l'homme, c'est de trouver le monsieur dévoué, désintéressé, ordonné, honorable, actif, ambitieux sans l'être trop, de sens rassis sans cependant être nonagénaire, expérimenté sans être radoteur, enfin celui qui aura quelque chance de devenir un créateur, un animateur d'Œuvre. Or, comment voulez-vous qu'un Conseil national siégeant à Paris, composé presque uniquement de personnalités résidant à Paris, puisse, à moins d'un hasard extraordinaire, découvrir un futur directeur d'Œuvre, ou encore un bienfaiteur éventuel en Gascogne ou dans le Comté de Nice, dans le Finistère ou dans le Bas-Rhin ? La tâche sera singulièrement plus facile pour un Conseil séant à Bordeaux ou à Nice, à Quimper ou à Mulhouse.

S'il s'agit d'élaborer un règlement de culture, d'organiser une exposition, un concours, de former un jury, la tâche sera aussi singulièrement plus facile entre gens soumis au même régime climatérique, nourris des mêmes produits, habitués aux productions du sol, aux caprices des saisons et du ciel.

Qu'on ne vienne donc pas nous dire : le Groupement régional, c'est une superposition inutile, c'est de la paperasserie, c'est encore des imprimés, du papier à lettres avec en-têtes, etc., du luxe, enfin ! Non ! Nous n'avons pas fondé cet organe *ad pompam et ostentationem*.

Nous avons été amenés à examiner et à réalise cette création à la suite du succès de la Ligue du Coin de Terre belge. Vous vous rappelez, Mesdames et Messieurs, le chiffre impressionnant des Jardins Ouvriers chez nos voisins et amis du Nord. M. Goemaere nous le révélait lors du dernier Congrès : 700.000 ! Nous avons cherché la cause de cette réussite et nous pensons l'avoir trouvée dans l'organisation supérieurement montée par la Ligue du Coin de Terre belge. C'est là que nous avons pris l'idée des Conseils régionaux. Nous avons pu constater que si cet organisme avait été jugé nécessaire dans un pays plus petit que le nôtre pour servir de lien entre les Œuvres locales et le siège central de la Ligue, à plus forte raison avait-il sa raison d'être sur le territoire de notre pays. Nous avons donc profité de l'expérience du voisin, et nous considérons comme une de nos tâches les plus immédiates la création de Conseils dans le centre des principales régions.

Examinons maintenant le troisième organe de la Fédération : la Société locale.

Il existe encore quelques Œuvres administrées par l'homme ou la femme charitables qui ont présidé à leur fondation. C'est l'infime exception. La quasi totalité des Œuvres sont formées en association déclarée sous le régime de la loi de 1901.

Ces Associations sont fondées par l'initiative privée, par une conférence de Saint-Vincent de Paul, par une Société de Secours mutuels, par un Bureau de bienfaisance, par une Municipalité.

Les unes sont complètement indépendantes.

Les autres ont trouvé avantage à se rattacher à notre Ligue, soit à titre de Société affiliée, soit à titre de Section locale.

SOCIÉTÉS AFFILIÉES

L'affiliation n'impose que deux obligations : communiquer à la Ligue ses statuts et ses comptes rendus ; verser une cotisation annuelle minima de 20 francs, augmentée de 10 francs par centaine de membres s'ajoutant à la première.

La Société simplement affiliée conserve donc son autonomie. La Ligue ne peut s'immiscer dans sa direction ni dans son fonctionnement.

L'Œuvre affiliée participe indirectement, mais sûrement, au caractère de la reconnaissance d'utilité publique de la Ligue. Elle peut recevoir des dons et legs par l'intermédiaire de la Ligue. La Ligue, dans cette hypothèse, reçoit la donation ou le legs et en conserve la propriété, mais elle en sert les revenus à la Société affiliée.

SECTIONS LOCALES

L'Œuvre désire-t-elle se rattacher plus étroitement à la Ligue ? Elle demande en ce cas à en faire partie à titre de Section locale. Ce titre l'oblige à une incorporation étroite avec la Ligue. Elle doit soumettre chaque année son budget, ses comptes, les procès-verbaux de ses réunions générales au Conseil d'administration pour être soumis à l'assemblée générale de la Ligue.

En retour, elle jouit du grand avantage de pouvoir recueillir directement les dons et les legs. L'Œuvre des Jardins Ouvriers d'Alais nous écrit :

« Depuis que l'Œuvre est section locale de la Ligue, une promesse de vente d'un terrain de 7.000 mètres carrés lui a été consentie. L'acte de vente sera passé aussitôt que le dossier et l'argent seront prêts. La Ligue interviendra pour tout cela, et le projet à cet effet va lui être soumis. »

Une personne charitable peut insérer dans son testament une formule comme celle-ci :

« Je lègue à l'Œuvre des Jardins Ouvriers de ..., Section locale de la Ligue du coin de Terre et du Foyer, la somme de ... »

Si l'Œuvre était simplement affiliée, la formule serait différente :

« Je lègue à la Ligue du Coin de Terre et du Foyer, dont le siège est à Paris, rue Lhomond, 26, la somme de ... (*ou* mon terrain situé à ...). Je désire que le revenu de cette somme soit mis à la disposition de l'Œuvre des Jardins Ouvriers de ..., pour lui permettre, etc... »

Une Association qui n'est rattachée par aucun lien à une Société reconnue d'utilité publique sera forcée de se contenter des sources de revenus prévues par la loi de 1901. (Cotisations des membres.)

Certaines Œuvres ont tenté de tourner la difficulté en se constituant en Sociétés anonymes : c'est encore une infime exception.

CONFÉRENCES DE SAINT-VINÇENT DE PAUL

Dès l'origine de notre mouvement, les Conférences de Saint-Vincent de Paul ont compris l'importance du Jardin Ouvrier. Notre premier Congrès, tenu à Paris en 1903, constatait que cette forme ingénieuse d'assistance par le travail avait été examinée dès 1895 par le Conseil général de cette grande Société et recommandée à toutes les conférences de France et de l'étranger. Notre rapporteur, le regretté M. Rivière, que je remplace si imparfaitement, déclarait que quarante et une des Œuvres révélées par son enquête, soit environ le tiers, avaient été fondées par des Conférences.

Vingt ans plus tard, en ce Congrès de 1923, il apparaît que la Société de Saint-Vincent de Paul, sans renoncer à aucun des points prévus par le règlement primitif (visite des pauvres à domicile, anonymat des quêteurs, séances hebdomadaires, caractère franchement confessionnel) ne dédaigne aucune des formes que la civilisation moderne a inventées pour étendre le champ de la bienfaisance publique ou privée.

Elle continue, elle développe de plus en plus les groupes de Jardins Ouvriers.

SOCIÉTÉS D'HORTICULTURE

Le rôle des Sociétés d'Horticulture dans la création et le développement de nos jardins est de plus en plus considérable et apprécié. Il s'est manifesté principalement à Paris et dans sa banlieue, dans le Nord, l'Est et l'Oise. On peut regretter, en parcourant nos questionnaires, que nos sociétés fassent si rarement appel à leur concours, et qu'elles ignorent également tous les avantages qu'elles peuvent retirer des Offices Agricoles départementaux. Elles y trouveraient des compétences, des subsides et des encouragements de toute sorte.

ŒUVRES MUNICIPALES.

Cette question a été traitée par un de mes collègues à la séance consacrée aux rapports entre les Jardins Ouvriers et les pouvoirs publics. Je n'y reviendrai que pour constater l'intervention, assez généralisée à Paris, mais encore exceptionnelle et rare en province, des Municipalités pour la fondation de Coins de Terre destinés aux Ouvriers et Employés. L'exemple de Lyon, Nantes, Metz, Strasbourg, devrait être imité.

RÈGLEMENT

Quelle que soit la forme adoptée, l'Association de Jardins Ouvriers doit, au moment où elle se crée, rédiger des statuts, un règlement.

Le règlement prévoit des conditions pour l'admission, la cotisation, le mode de culture, la cessation de jouissance.

ADMISSION

Les réponses que nous avons reçues indiquent généralement qu'on est très large comme conditions d'admission. A la suite probablement des campagnes menées par les associations familiales, nous constatons que les directeurs d'Œuvre insèrent maintenant une clause qui réserve les Coins de Terre aux ouvriers chargés d'enfants. Il y a là une mesure de justice à laquelle nous ne pouvons qu'applaudir.

Certaines Œuvres inscrivent l'obligation d'être de nationalité française.

Dans presque toutes, l'usage s'établit — bien qu'il ne soit pas inscrit dans les statuts — de donner la préférence aux anciens combattants.

COTISATION

L'idée de demander aux acquéreurs de jardins une cotisation a subi une évolution assez lente et digne d'être notée. Il y a quelque vingt ans, le principe de la gratuité semblait admis dans la majorité des Associations.

Peu à peu, à l'usage, on a reconnu que ce système présentait des inconvénients : l'ouvrier se désintéressait du coin de terre obtenu sans efforts. Il n'avait pas le sentiment de faire partie d'un groupement, il s'intéressait peu à la prospérité, aux intérêts généraux de l'Œuvre. Aucun lien ne le rattachait à ses voisins.

Au Congrès de 1912, M. l'abbé Naudet disait : « Je suis contre la gratuité. Les Jardins Ouvriers ne sont pas une Œuvre de bienfaisance, mais une Œuvre de développement. Il s'agit d'élever le niveau moral de l'ouvrier.

« Il faut que les bénéficiaires de l'Œuvre y soient vraiment associés par un effort ; il faut qu'ils fassent un sacrifice. On ne peut aider tout le monde. Il vaut mieux, dans certains cas, s'adresser à une élite. Par le paiement, vous faites le triage.

« Il convient que les bénéficiaires se sentent responsables en quelque manière. Si on n'exige pas d'eux un sacrifice, très léger, bien entendu, sacrifice très largement compensé par les avantages qu'on leur offre d'autre part, ils n'auront pas cette nécessaire notion de la responsabilité. »

Un autre congressiste disait :

« Nous avons établi des jardins gratuits, mais nous avons changé d'avis, car nous avons maintenant des frais importants, et cette obole nous aide pour d'autres fondations. »

En résumé, le principe de la cotisation se soutient par le désir d'élever le moral de l'ouvrier, de sauvegarder sa dignité en lui présentant le Jardin Ouvrier autrement que comme une aumône, de développer chez lui le sentiment de la solidarité, et subsidiairement de trouver des ressources. D'autre part, il s'agit non d'une location du terrain, mais d'une cotisation assez faible pour être à la portée des bourses les plus modestes.

Ainsi présenté et compris, le principe de la cotisation fut l'objet d'un vœu favorable au Congrès de 1912. Il est aujourd'hui inscrit dans les règlements de presque toutes les Associations.

Un certain nombre d'Œuvres qui avaient proclamé dans leurs statuts la gratuité des jardins furent amenées à modifier cet article, et, chose curieuse, ce furent les bénéficiaires eux-mêmes, réunis en assemblée générale, qui consentirent de très bonne grâce au payement d'une cotisation. C'était comme un honneur qu'on leur faisait ! Ils avaient l'impression de n'être plus des « secourus », mais des associés, d'avoir un droit de regard sur l'administration, qui périodiquement leur présenterait des comptes, un bilan, un rapport. Rien de plus démocratique dans le bon sens du mot que le principe de la cotisation et l'on s'étonne aujourd'hui qu'il ait fallu de longues années et de longs débats pour le faire entrer dans nos habitudes.

CULTURE

Une condition qui fut proclamée dès le début et qui, celle-là, demeure intangible, c'est celle qui exige du bénéficiaire qu'il cultive son coin de terre lui-même ou avec l'aide de sa famille. On a vu des jardiniers indélicats abandonner leur terrain et le céder à des tiers. De tels abus doivent être réprimés. Ils sont généralement une cause d'exclusion.

Il faut encourager, par contre, la culture en famille.

Le jardin est une œuvre d'art, mais c'est une œuvre d'art collective, c'est l'œuvre familiale par excellence.

Pour le pauvre, le mot *foyer* n'a pas le même sens que pour le riche.

La maison ouvrière, telle qu'elle est bâtie généralement, à plus forte raison l'appartement dans le triste immeuble à plusieurs étages, ne rassemble pas la famille. Rien n'est fait pour y attirer. Lumière insuffisante, encombrement, désordre, mauvaises odeurs, tel est le lot du pauvre prolétaire dans son logis.

Le jardin, au contraire, est un rassembleur étonnant. Il retient parents et enfants, fournit à chacun un attrait, une occupation. La terre plaît à tous par sa jeunesse éternelle.

TONNELLE

Mais pour que le jardin soit vraiment le rendez-vous agréable de la famille, il lui faut une tonnelle.

Trop rares sont les sociétés qui ont répondu affirmativement à notre question « La tonnelle est-elle exigée » ?

Et pourtant, le coin de terre sans tonnelle, c'est un champ plutôt qu'un jardin. Il représente un travail plutôt qu'un délassement. L'ouvrier y vient passer quelques journées pour labourer, semer, planter, récolter. Excellente occupation, certes, mais incomplète !

La tonnelle rend le coin de terre plaisant. Elle attire la fleur. En une saison, les capucines, les pois de senteur, les volubilis ont tapissé ses murs. L'oiseau y fait son nid. La mère y apporte son berceau. Elle y allaite son nouveau-né. L'enfant grandit à son ombre. Il folâtre autour d'elle. Il y apporte ses petits jouets. Les fiancés s'y donnent rendez-vous.

Les dimanches d'été, la famille y vient prendre son repas. C'est à la fois la salle à manger, le salon et le fumoir. On y reçoit les parents et les amis.

Dans la banlieue de Paris, le bénéficiaire d'un jardin n'est pas plutôt en possession de son terrain qu'il construit une tonnelle. Elle est faite de bric et de broc, en matériaux légers. On compte sur la nature pour corriger les défectuosités de l'édifice, pour boucher les trous du papier bitumé, pour masquer la rouille de la tôle ondulée.

Mais quelquefois une main experte a construit un pavillon coquet en planches neuves avec des treillis peints en vert.

Nous ne demandons pas de ces articles de luxe. Une simple « cagna » nous suffit. Mais nous recommandons vivement aux Œuvres de Jardins d'imposer aux bénéficiaires la construction de la tonnelle. Une Œuvre de Jardins Ouvriers sans tonnelles, c'est une Œuvre à moitié manquée.

COMITÉS DE DAMES

Si nous examinons les sociétés qui ont grandi le plus vite, il est rare que nous ne constations pas à leur tête un Comité de dames.

Sans doute pour réparer les torts de la première femme dans le premier jardin, les dames ont apporté à notre Œuvre de relèvement social la bonté agissante de leur cœur et leur charité ingénieuse. Si jamais Œuvre fut de nature à s'attirer les sympathies et la collaboration des femmes, c'est assurément l'Œuvre du Coin de Terre et du Foyer. N'oublions pas que la première personne qui comprit et réalisa l'idée fut Mme Hervieu, de Sedan. Nous avons admiré ensuite, parmi les œuvres les plus belles et les plus vivaces, celles de Mme Changeux, à Reims, de Mme Delloue, à Croix, de Mme Lemasson, à Saint-Ouen.

Ces femmes au grand cœur voulaient « faire la conquête du peuple », suivant l'expression du comte de Mun, et c'est le peuple qui les a conquises. Elles se sont attachées à ces pauvres familles ouvrières. Elles ont mis à leur service l'influence dont elles disposaient pour trouver des terrains, les lotir, les organiser.

Le Comité de dames est indispensable lorsqu'on veut greffer sur une Œuvre de Jardins les œuvre annexes qui sont appelées à la compléter si heureusement :

Ecoles Ménagères, Consultations de Nourrissons, Mutualités Maternelles. La femme est là dans son élément. La femme, ce n'est pas seulement la grâce et le charme, c'est la force. Qui niera la puissance irrésistible d'un de ses regards, d'un de ses sourires ? Puissance immense pour le mal, elle est aussi une puissance immense pour le bien. Nous serions bien sots de nous en priver.

Dans toute Œuvre, il y a la partie technique et la partie affective.

La partie technique consiste à savoir comment on peut acquérir, lotir, administrer, planter, semer, récolter ; c'est l'étude de la législation et de l'horticulture.

La partie affective, c'est l'intervention du sentiment, c'est le rapprochement des âmes.

Les âmes sont faites pour se chercher, pour se connaître, se consoler, s'aimer, s'élever ensemble.

Nos lois, nos règlements, nos congrès, notre organisation administrative, tout ce long travail de nos comités et sous-comités est fait pour aboutir à cette minute divine où, par-dessus la terre charnelle, par-dessus le sentier bordé de buis d'un de nos petits jardins, deux âmes éloignées, déchirées, séparées par les malentendus sociaux, se sont rejointes et accordées.

Cette rencontre, c'est la *partie essentielle*, c'est ce qu'il y a de véritablement intéressant dans le but poursuivi par la Ligue.

Que nos Œuvres ne l'oublient pas ! C'est le vœu que je formule en terminant.

M. LE Dr DENIS. — Le rapport de M. Droulers, si délicat et à la fois si substantiel et si pratique, a su trouver le chemin de nos cœurs. Nous serons tous heureux de le lire et de le relire. Le Congrès est unanime à l'en remercier.

La parole est à M. Aiguier, qui désire présenter quelques observations.

Communication de M. Joseph Aiguier,

Président de la Fédération des Jardins Ouvriers du Midi

Comme suite aux considérations exposées tout à l'heure par M. le Dr Denis, je voudrais d'abord signaler le bienveillant appui accordé à nos Œuvres par la Caisse d'Epargne de Marseille, qui a fait l'acquisition de terrains pour les louer (à raison de 3 1/2 %) à l'Assistance par le Travail, qui y a établi des jardins que nous administrons. Malheureusement, la Caisse d'Epargne ne veut pas persévérer dans cette voie ; elle consent seulement désormais à consentir à notre Œuvre un prêt d'argent à raison de 4 1/2 % jusqu'à concurrence de 19.000 francs, ce qui est peu de chose pour acheter du terrain dans la banlieue d'une grande ville. Il y a là cependant une marque de bienveillance dont nous demeurons profondément reconnaissants. La Caisse d'Epargne d'Alais a consenti également à l'Œuvre des Jardins Ouvriers de cette ville un prêt important.

Notre groupement régional a obtenu d'autre part du Conseil général des Bouches-du-Rhône l'attribution d'une subvention annuelle de 3.000 francs, spécialement destinée à la création de Jardins Ouvriers ruraux, et c'est justement de cette initiative des Jardins Ouvriers ruraux que je désirais particulièrement entretenir le Congrès.

Je sais qu'elle peut surprendre au premier abord.

Les personnes bien intentionnées et de bonne foi auxquelles on parle, pour la première fois, des bienfaits des Œuvres de Jardins Ouvriers applaudissent à nos efforts et reconnaissent l'utilité du jardin quand il est créé aux portes des grandes agglomérations. Le coin de verdure leur paraît utile et bienfaisant pour les ouvriers enfermés dans le taudis de la grande ville. Mais leur enthousiasme diminue à vue d'œil lorsqu'on leur propose d'organiser des Jardins Ouvriers dans les petites villes de 10.000 à 50.000 habitants. On vous répond que les usines sont moins nombreuses, qu'elles sont situées en dehors de la ville, que les jardins privés abondent, et que dans ces villes où la campagne est proche, le besoin du coin vert ne se fait pas sentir.

Puis, si vous leur proposez de créer des Jardins Ouvriers dans les communes rurales pour les ouvriers agricoles, on vous regarde l'air étonné, on vous répond : « Vous exagérez !... » réponse polie qui signifie: « Vous êtes fou ! »

Eh bien ! Mesdames et Messieurs, nous ne croyons pas être des fous, et nous avons, à la Fédération des Jardins Ouvriers du Midi, formé le projet hardi d'organiser dans les communes rurales des Bouches-du-Rhône des Jardins Ouvriers ruraux pour les familles d'ouvriers agricoles qui ne sont pas propriétaires d'un terrain.

Une enquête faite sur place nous a démontré que, dans presque toutes les communes rurales de notre département, il y avait des familles pauvres qui ne possèdent pas un pouce de terrain, et vous pensez avec quelle facilité ces familles se laissent fasciner par les hauts salaires et le mirage de la ville voisine ! Si les Jardins Ouvriers arrivaient à retenir quelques bras à la terre, nous serions heureux du résultat obtenu.

On nous parle souvent du Retour à la Terre. L'honorable Ministre de l'Agriculture qui, tous les dimanches, va porter la bonne parole dans les centres agricoles, a fait nommer, dans chaque département, des Comités de Retour à la Terre. Ces Comités délibèrent et délibéreront longtemps encore, car si le but est noble, sa réalisation est difficile.

De même qu'on a commencé sagement par préserver le plus possible de la mortalité infantile les enfants de France, en attendant de trouver les moyens les meilleurs pour accroître leur nombre, de même, avant de ramener au sol natal ceux qui l'ont déserté, est-il plus urgent et plus facile d'y maintenir ceux qui y sont encore ! Et rien ne saurait être pour cela plus efficace que la jouissance assurée d'un coin de terre.

Le jardin de la commune rurale ne sera pas calqué sur celui de la ville ; il sera généralement plus grand, et le bénéficiaire y fera la *culture possible* que la nature du sol et les conditions d'arrosage lui permettront, mais l'exploitation du Jardin Ouvrier rural procurera, de toute façon, des ressources à son bénéficiaire.

Pour réaliser notre projet, nous l'avons fait connaître par une circulaire à M. le Maire, et une autre à M. le Curé de chaque village.

L'Union des Syndicats Agricoles des Alpes et de Provence a été gagnée à notre idée, et son secrétaire général a communiqué notre programme aux membres des Syndicats Agricoles. Bientôt, nous écrirons à MM. les Notaires et MM. les Instituteurs pour que toutes les autorités sociales connaissent nos projets.

Nous aurons recours à la voix de la presse, cette reine de l'opinion, comme l'appelait un jour notre cher président, M. l'abbé Lemire.

Enfin, le verbe fera ce que la parole écrite n'aura pas fait. Que dis-je ? A la suite de quelques visites, le projet a pris corps. A Cuges-les-Pins, nous avons choisi deux familles qui auront bientôt leur jardin, et à Mallemort, sur la Durance, une dizaine de familles ayant de nombreux enfants attendent, avec impatience, que nous trouvions un champ à leur partager.

L'idée est lancée dans les Bouches-du-Rhône (nous

avons déjà 4.000 francs pour la réaliser). Lancez-la, Mesdames et Messieurs, dans vos départements, afin qu'au prochain Congrès des Jardins Ouvriers nous puissions tous rendre compte des résultats obtenus par les Jardins Ouvriers ruraux.

M. L'ABBÉ LEMIRE. — L'initiative est des plus intéressantes, mon cher Monsieur Aiguier; le Congrès est unanime à vous en féliciter et je ne doute pas qu'il ne soit prêt à émettre un vœu en faveur du développement des Jardins Ouvriers ruraux. Cette voie doit être suivie. Le recours au Crédit agricole serait ici particulièrement indiqué. Les Offices agricoles, dont beaucoup se sont montrés déjà si bienveillants à nos œuvres, ne manqueraient point non plus de prêter leur concours.

M. AIGUIER. — Nous l'avons déjà sollicité. Nos Œuvres de Jardins rencontrent assurément partout beaucoup de bienveillance... Il me semble qu'elles méritent davantage. Ne pourraient-elles obtenir, comme en Belgique, un subside annuel du Ministère de l'Agriculture ? Une subvention d'un million est attribuée chez nous au Tourisme. Je ne nie pas l'intérêt du Tourisme, mais s'il reçoit un million, j'estime qu'un demi-million pourrait bien être accordé aux Jardins Ouvriers et je demande au Congrès d'émettre un vœu en ce sens.

Ne pourrait-on aussi obtenir l'autorisation d'organiser une « Journée nationale des Jardins Ouvriers » ? Outre l'apport de sommes considérables, une telle Journée aurait l'avantage d'attirer l'attention sur nos Œuvres, beaucoup trop ignorées du grand public.

M. L'ABBÉ LEMIRE. — L'idée est à retenir. Nos Œuvres ne sont pas assez connues, c'est vrai. Le grand public n'est atteint que par la presse, qui n'a guère occasion de parler de nos jardins, à moins de circonstances exceptionnelles, comme celles de ce Congrès, qu'elle a annoncé, je puis dire, dans toute la France, et dont présentement elle rend compte avec une bienveillance dont nous sommes profondément reconnaissants. L'Agence Havas, en particulier, s'est toujours montrée très sympathique à nos œuvres. Au reste, elles font peu de bruit, et leur humble aspect n'attire pas les yeux.

M. Costille (de Lyon). — Un des éléments fâcheux de ce pauvre aspect est sans nul doute la tonnelle, trop souvent misérable. C'est pour remédier à cet inconvénient que la municipalité de Lyon est intervenue en offrant aux jardiniers, par l'intermédiaire des associations qu'ils ont formées, le choix entre trois modèles déterminés (dont les prix varient entre 220 et 260 francs), ainsi que l'avance des fonds nécessaires, sous forme d'un prêt de 20.000 francs, remboursable par mensualités.

M. Thoumyre. — A Dieppe, sans aller si loin, nous exigeons que toutes les tonnelles soient construites sur le même alignement, et nous faisons cadeau à chaque ouvrier d'un kilogramme de peinture pour le badigeon, de façon à obtenir au moins une teinte uniforme, et donc un minimum d'harmonie, tout en respectant l'initiative individuelle.

M. Marque (d'Ivry). — Je crois que l'ouvrier tient à cette initiative, comme à une preuve de son indépendance, et qu'il est préférable de la lui laisser.

M. l'Abbé Lemire. — Assurément, il est essentiel que l'ouvrier se sente chez lui, et bien chez lui, dans son jardin et surtout dans sa tonnelle, faite à son goût. Mais il est excellent aussi de l'aider à former ce goût, à l'éclairer, à le rectifier. C'est rendre le jardin doublement éducatif.

M. Charles Droulers. — La coutume de la visite ou, mieux encore, de la fête annuelle est précieuse à ce point de vue, à cause de l'émulation qu'elle crée entre les jardiniers de chaque groupement, et même des groupements voisins, si l'on a l'heureuse pensée de les inviter.

M. Aiguier. — Cette émulation qui s'établit entre les Œuvres elles-mêmes est, en effet, fort utile ; nous avons pu le constater. C'est un des grands avantages de la Fédération ; c'est pourquoi notre groupement régional a décidé, en maintenant l'une de ses réunions annuelles au centre, à Marseille, de tenir l'autre sur un point différent chaque année, de façon à ce que les diverses Œuvres soient successivement visitées. Ce printemps, c'était à Nîmes. Au printemps prochain, ce sera sans doute à Alais. Chacune de ces réunions est annoncée à deux reprises par les journaux de la région, qui en publient ensuite le compte rendu. C'est une occasion de propagande en même temps qu'un moyen pour nos Œuvres de se connaître, de s'apprécier, de s'entr'aider.

A mon avis, l'organisation de la Fédération des Jardins Ouvriers dans toutes les régions de France doit être le premier vœu du Congrès.

M. Paul Bacquet. — Je suis très convaincu des avantages qui résultent de la Fédération, et par conséquent de la nécessité pour nos sociétés locales de se rattacher à la Ligue du Coin de Terre. Seulement je déplore que toute demande de rattachement entraîne aussitôt l'obligation d'une cotisation de 20 francs, qui peut sembler lourde à une Œuvre naissante, dont les ressources souvent sont fort maigres. C'est l'inverse que je souhaiterais : aussi, je propose au Congrès d'émettre le vœu que la Ligue du Coin de Terre se procure des ressources, à l'exemple de la Ligue belge, de façon à pouvoir comme elle subventionner les jeunes sociétés à leurs débuts au lieu de leur demander de l'argent.

M. R. Georges-Picot. — Je dois faire remarquer à notre collègue que le versement de la cotisation n'est demandé qu'à la fin de l'année d'inscription et qu'il ne dépend pas de la Ligue de supprimer cette règle : elle résulte des statuts qui lui ont été imposés pour sa reconnaissance d'utilité publique.

M. Goemaere, *secrétaire général de la Ligue belge du Coin de Terre.* — Nous avons depuis quinze ans des statuts analogues. Mais il y a quatorze ans que nous ne les pratiquons plus. Grâce à la subvention annuelle de 40.000 francs qui nous est accordée par le Ministère de l'Agriculture, nous pouvons, au contraire, verser à chaque Société nouvelle qui adhère à la Ligue 100 francs par hectare de terre mis en culture. C'est une excellente entrée en matière, qui nous attire bien des adhésions ! Nous devons ces larges possibilités à la bienveillance des pouvoirs publics. A plusieurs reprises, nous avions invité des conférenciers agronomes à venir entretenir nos ouvriers dans leurs instants inoccupés ; nous leur offrions un auditoire, dans une salle en hiver, sur le terrain en été. C'est ce qui les a gagnés à nos Œuvres. Ils ont adressé au Ministre des rapports circonstanciés des plus favorables, ils ont appelé son attention sur ces admirables champs d'expériences offerts par nos groupements. De là à la subvention, il n'y avait qu'un pas. Il a été franchi, et nous pouvons nous féliciter des résultats obtenus. Je souhaite à la Ligue française mêmes concours et mêmes succès.

M. L'ABBÉ LEMIRE remercie M. Goemaere et donne lecture du texte des différents vœux soumis à l'approbation du Congrès.

Après l'échange de quelques observations de détail, ces vœux sont adoptés à l'unanimité.

La parole est à M. R. Georges-Picot pour clore les travaux du Congrès.

M. R. GEORGES-PICOT. — J'étais invité par notre Président à vous présenter en cette dernière séance le résumé des travaux du Congrès. Mais ce résumé a été fait à la suite de chacune de nos réunions par la presse alsacienne, et si bien fait qu'il serait tout à fait inutile de le reprendre et qu'il me reste seulement à la remercier très vivement du concours qu'elle nous a prêté par sa présence assidue et ses comptes rendus si complets et si sympathiques.

Pour être fidèle à la consigne de notre président, je devrais ne rien ajouter. « Surtout ne parlez pas de moi... », m'a-t-il dit.

Mais pouvons-nous clore ces travaux sans parler de celui qui est tout notre Congrès, qui est toute notre Œuvre depuis trente ans ? C'est lui qui personnifie nos Jardins Ouvriers. Si ces Jardins sont aujourd'hui parsemés dans tous les départements de France, c'est à lui que nous le devons.

Dès sa première profession de foi, il les réclamait. C'était en 1893. Et M. l'abbé Lemire nous apporte ainsi l'exemple d'un député qui depuis trente ans est resté fidèle à la profession de foi du candidat !

J'éprouve une émotion profonde à l'en féliciter ici, au cœur de cette Alsace qui, pendant cinquante ans, est demeurée fidèle.

Comme l'Alsacien, l'abbé Lemire a été fidèle.

L'Alsacien est un entêté, dit-on. J'admire cet entêtement. C'est le caractère des grandes races.. Pendant la guerre, j'étais officier dans un régiment de Bretons, ces Bretons qu'on appelait des têtes de Chouans, des entêtés, eux aussi... Quels hommes c'étaient !

Comme l'Alsacien, comme le Breton, le prêtre de Flandre qui préside notre Ligue a su vouloir. Rien ne l'a rebuté, ni découragé. Par sa ténacité, il nous a conduits au succès. Il continuera de nous y conduire.

M. L'ABBÉ LEMIRE. — Ai-je besoin de vous dire que je suis prêt à continuer ? que je regarde comme un devoir d'aller jusqu'au bout ?

Mais toute vie est brève... J'en suis averti quelquefois. Je dois songer à préparer l'avenir. Il ne faut pas qu'on puisse dire un jour : « Il avait trop absorbé l'œuvre dans sa personne fugitive et mortelle. » Trop de belles initiatives ont été victimes de semblables erreurs.

Je remercie tous ceux qui ont été depuis longtemps mes collaborateurs. Et d'abord mes amis de Paris, M. Georges-Picot, M. Droulers, qui travaillent à côté de moi, Mlle Arbelet, qui nous apporte au bureau central un appui si discret et si dévoué. Puis tous ceux qui se sont multipliés autour de nous et qui sont devenus, du nord au midi, à travers toute la France, nos directeurs d'Œuvres, nos présidents de Fédérations. A tous, je fais appel pour assurer l'avenir. Je leur demande dès maintenant d'être des chefs à leur tour.

Je suis profondément touché de leur attachement, de leur dévouement personnel. Je les supplie de le reporter sur l'œuvre.

A cette œuvre, je me suis donné tout entier. C'est en elle, mes chers Messieurs, que je voudrais survivre.

Donner à la famille humaine ce minimum de dignité, de liberté, de joie, de beauté, dont elle a besoin pour s'épanouir, est-il charité plus nécessaire ?

Elle m'a été inspirée par cet évangélique amour du prochain, qui est par excellence le devoir du prêtre. Mais cet amour puisé dans l'Evangile est si profondément humain, si respectueux de toutes les convictions sincères, si largement ouvert à toutes les bonnes volontés, qu'il me paraît l'âme même de notre Œuvre dans ce qu'elle a de plus délicat et de plus universel.

Je compte sur vous, Messieurs, pour que cette Œuvre vive.

M. LE Dr DENIS. — A cet appel émouvant, je demande, Messieurs, que nous répondions en promettant à M. l'abbé Lemire — en qui jadis M. Poincaré saluait si justement un apôtre qui unit la force de la douceur à la force de l'opiniâtreté — d'apporter désormais tous au service de son Œuvre de pareils cœurs d'apôtres.

VŒUX ÉMIS PAR LE CONGRÈS
EN CONCLUSION DE LA CINQUIÈME SÉANCE

L'organisation pratique des Jardins Ouvriers

Le Congrès, constatant les heureux résultats obtenus depuis vingt-cinq ans par l'action de la Ligue française du Coin de Terre et du Foyer, multipliant les Œuvres de Jardins Ouvriers par sa propagande, les guidant par ses conseils, leur procurant terrains ou subsides par son entremise, — considérant d'autre part que cette action serait très utilement et très efficacement développée si la Ligue française avait à sa disposition les moyens mis par le Gouvernement de Bruxelles à la disposition de la Ligue belge, — émet les vœux suivants :

Premier vœu.

Que la Ligue française du Coin de Terre et du Foyer groupe en une Fédération nationale toutes les Œuvres de Jardins Ouvriers de France afin de les représenter auprès des pouvoirs publics et de leur faire obtenir de la part de l'Etat, terrains, subsides, encouragements de toutes sortes.

Deuxième vœu.

Que des Fédérations régionales soient constituées pour établir des rapports utiles entre les Œuvres. locales, et pour en susciter par leur propagande de nouvelles là où elles font défaut.

Troisième vœu.

Que la Ligue française du Coin de Terre et du Foyer se procure les fonds nécessaires pour aider à leurs débuts les initiatives nouvelles : 1° en sollicitant à cet effet, à l'imitation de la Ligue belge, une subvention annuelle des pouvoirs publics ; 2° en organisant une « Journée des Jardins Ouvriers ».

Quatrième vœu.

Que toutes les Œuvres de Jardins Ouvriers prévoient dans leurs règlements : 1° la préférence donnée dans l'attribution des jardins aux familles nombreuses et aux anciens combattants ; 2° l'obligation d'édifier une tonnelle pour assurer la jouissance en famille ; 3° le versement d'une cotisation de sociétaire, qui sauvegarde la dignité et prouve la bonne volonté du bénéficiaire.

Cinquième vœu.

Qu'en vue de donner à l'Œuvre des Jardins Ouvriers toute sa portée sociale, l'usage soit partout maintenu : 1° des visites fréquentes qui entretiennent entre directeur et jardiniers l'esprit de confiance et d'entr'aide ; 2° de la fête annuelle qui met en relief la beauté morale et familiale de l'œuvre.

Sixième vœu.

Que par la création de Jardins Ouvriers ruraux, les bienfaits de l'Œuvre soient étendus aux ouvriers agricoles et contribuent à les retenir à la campagne, en leur donnant la jouissance d'un coin de terre suffisant pour assurer l'alimentation de la famille (légumes, fruits, petits animaux domestiques).

AU BANQUET DES CONGRESSISTES

A midi, un banquet d'adieu réunissait à nouveau les congressistes au Palais des Fêtes.

Au dessert, plusieurs toast furent prononcés.

Le premier, M. l'abbé Delsor, sénateur du Haut-Rhin, prend la parole. Au nom de l'Alsace et des Jardins Ouvriers de Strasbourg que M. le Dr Belin, retenu par l'organisation du cortège, ne peut représenter, il remercie les congressistes d'avoir fait choix de Strasbourg pour y tenir leurs assises nationales et d'avoir apporté par là aux Œuvres d'Alsace des exemples instructifs. Il exprime l'espoir qu'ils emporteront le souvenir d'avoir été reçus dans une ville bien française de cœur et même de visage, en dépit des marques extérieures qui subsistent douloureusement d'un joug subi pendant cinquante ans, et profondément reconnaissante à la France des sacrifices consentis pour la délivrer.

M. Massabuau, sénateur de l'Aveyron, qui représente la Ligue des Droits de la Famille, exprime à l'abbé Lemire sa sympathie et son admiration pour son Œuvre.

« Comme le bon médecin, vous n'avez pas seulement mis le doigt sur la plaie, vous avez fait plus : vous y avez apporté un remède : ces petits jardins que la Ligue du Coin de Terre multiplie dans toute la France, c'est le point de départ de toutes les libertés, que nous réclamons pour la famille.

« Père de deux fils morts pour la France, je n'ai qu'un regret : c'est qu'ils ne soient pas à Strasbourg pour applaudir à l'action de votre Œuvre dans l'Alsace reconquise. »

M. Robert Thoumyre, député de la Seine-Inférieure et président de la Société des Jardins Ouvriers de Dieppe, rappelle que c'est surtout au nom des anciens combattants et pour leur service qu'il a pris part aux travaux du Congrès :

« Je suis heureux et fier, dit-il, d'avoir pu dans Strasbourg redevenu Français, défendre et soutenir le principe de la récompense due aux bons ouvriers de la Victoire.

« En effet, pendant quatre ans et demi de luttes et de sacrifices, tous les soldats français, depuis le maréchal jusqu'au simple soldat, n'avaient qu'un seul mot d'ordre : l'Alsace ; qu'une directive : la flèche de la cathédrale de Strasbourg.

« Nous, les hommes de la génération qui n'avons pas connu 1870, nous avons été élevés par nos pères dans l'amour de cette Alsace si belle, mais, hélas ! si lointaine.

« Enfants et jeunes gens, il nous semblait qu'un rideau de plomb s'interposait entre elle et nous, pour la dérober à nos regards. Nous avions l'impression qu'il faudrait un formidable effort pour arracher ce voile épais qui nous cachait le visage radieux de la chère province.

« La Grande Guerre a déclanché cet effort ; l'Alsace et la Lorraine sont rentrées dans le giron de la grande famille française, et le soldat vainqueur vient aujourd'hui, dans Strasbourg qu'il a délivré, demander au sixième Congrès des Jardins Ouvriers, le salaire de ses efforts, de sa ténacité et de sa vaillance. »

M. WALTER, député du Bas-Rhin, qui cultive lui-même un des jardins procurés par la Municipalité, ne veut prendre la parole qu'en cette qualité de petit jardinier de Strasbourg et pour évoquer la mémoire de l'homme de bien qui fut en Alsace le premier initiateur des Jardins Ouvriers, le Dr Garcin, dont le souvenir doit demeurer à jamais en honneur dans ce monde du travail auquel il s'est dévoué. M. Walter demande aux congressistes d'unir dans le même hommage Mme Garcin, qui continue sa charité, ainsi que toutes les dames bienfaisantes qui se dévouent d'un même cœur à l'Œuvre des Jardins Ouvriers.

M. L'ABBÉ LEMIRE exprime sa reconnaissance à tous ceux qui ont été les chevilles ouvrières du Congrès, rapporteurs et présidents, collaborateurs de Paris, organisateurs de Strasbourg. Il remercie les congressistes qui sont venus de tous les coins de France, poussés par leur attachement fidèle à l'Œuvre des Jardins Ouvriers, mais attirés plus

encore peut-être par le désir de témoigner leur amour
pour l'Alsace et d'éprouver sur ce sol recouvré la joie et
la fierté de se sentir en France. Il les invite à suivre au
rendez-vous de l'Hôtel de Ville la bannière des Jardins
Ouvriers, qu'une Alsacienne offrait à la Ligue du Coin de
Terre en 1912 et qui revient aujourd'hui dans la victoire
se faire acclamer par ceux dont elle traduisait jadis l'in-
violable attachement à la mère patrie.

Cortège des Jardins Ouvriers de Strasbourg

A l'issue du banquet, les congressistes se rendent à
l'Hôtel de Ville et prennent place au balcon pour assister
à cette chose unique et bien alsacienne : le déroulement
du Cortège des Jardins Ouvriers.

Durant plus d'une heure, c'est une procession incomparable, un merveilleux défilé de tout ce qui fait l'honneur
des jardins, de tout ce qui en est la raison d'être et la joie:
enfants couronnés de fleurs traînant des légumes et des
fruits sur des chars d'honneur, instruments de jardinage
ingénieusement décorés, humbles voitures rustiques tout
enguirlandées de verdure, jeunes filles aux couleurs vives,
aux grands nœuds noirs, portant gerbes et bouquets ; et
toujours des fleurs, des fleurs à profusion, comme si tous
les jardins d'Alsace s'étaient transportés dans la ville.

Drapeaux et musiques encadrent les divers groupes,
entrecoupés par les travailleurs robustes qui saluent au
passage du regard et de la main.

Acclamations et fanfares montent vers les congressistes.

Certes, aucun d'eux n'oubliera jamais cette magnifique
et charmante apothéose des Jardins Ouvriers que — par
les soins de M. Georges Hecker, administrateur des Jardins municipaux — Strasbourg réalisa en leur honneur.

Après avoir parcouru les principales artères de la ville,
le cortège aboutit au Palais des Fêtes, où la Fédération
des Jardins Ouvriers d'Alsace se préparait à recevoir les
congressistes.

SÉANCE SOLENNELLE DE CLOTURE

Dans un sentiment cordial d'hospitalité, la Fédération des Jardins Ouvriers d'Alsace a voulu fêter la clôture du Congrès national des Jardins Ouvriers par une grande manifestation locale.

La séance s'ouvre à 3 heures, dans la vaste salle du Palais des Fêtes. Une foule immense se presse autour des congressistes. Tous les tenanciers des Jardins Ouvriers de Strasbourg ont été convoqués. On chercherait en vain une place vide.

Sur l'estrade, MM. les docteurs Burguburu, Belin, Scheibel, représentent la Fédération d'Alsace ; M. l'abbé Lemire, MM. Georges-Picot, Droulers, Thoumyre, la Ligue du Coin de Terre.

Au milieu d'eux prennent place M. Strauss, ministre de l'Hygiène et de la Prévoyance sociales, et toutes les autorités locales : M. Alapetite, commissaire général de la République, M. Borromée, préfet du Bas-Rhin, M. Peirotes, maire de Strasbourg, M. Weiss, doyen de la Faculté de Médecine, M. Schmoll, président du Consistoire; MM. les Sénateurs et Députés d'Alsace.

M⁣ᵍʳ Ruch, qui devait présider la séance, est absent de Strasbourg. Par une pensée délicate, il a fait choix pour le remplacer de son vicaire général, Mᵍʳ Jost, protonotaire apostolique et chevalier de la Légion d'honneur, dont la prêtrise remonte à l'époque française d'avant 1870.

Mᵍʳ Jost ouvre la séance en exprimant les regrets de son évêque, qui s'est associé de cœur aux travaux du Congrès parce qu'il estime profondément l'Œuvre des Jardins Ouvriers et son grand instigateur, l'abbé Lemire. Il prie M. Georges-Picot, dont la voix a appris à se faire entendre — aussi bien sur les champs de bataille qu'au barreau de Paris — de donner lecture des paroles mêmes par lesquelles Mgr Ruch exprimait au président du Congrès sa sympathie et ses regrets.

« Strasbourg, le 10 septembre 1914.

« Monsieur le Président et cher Monsieur l'Abbé,

« Je suis désolé de ne pouvoir être présent que de cœur au Congrès. On m'a enfin remis le programme du pèlerinage de Lourdes. Il m'ôte tout espoir. J'avais espéré longtemps que je pourrais partir lundi prochain 17 avec mes pèlerins, aller avec eux à Annecy et à la Salette, puis revenir à Strasbourg et repartir pour Lourdes à toute vitesse afin de rejoindre mes chers Alsaciens, qui pendant mon absence iraient à Marseille, Arles, Toulouse. C'eût été un tour de force, presque une folie ; mais j'étais extrêmement désireux de prouver mon intérêt à une Œuvre qui me semble éminemment utile.

« Malheureusement, cet espoir m'est interdit, car nous devons être à Lourdes juste pendant votre Congrès : nous y arrivons le samedi 22 et nous repartons le mercredi 26. Il m'est donc impossible d'assister même à l'ouverture de vos travaux et d'arriver à temps à Lourdes. Veuillez agréer mes très vifs regrets.

« Je serai de cœur avec vous.

« Le plus haut personnage ecclésiastique, Mgr Jost, vicaire général, un beau et vaillant vieillard extrêmement français, protonotaire apostolique et chevalier de la Légion d'honneur, est officiellement chargé par moi de me représenter et accepte avec plaisir. Il fera tout ce qu'il pourra en faveur du Congrès.

« Nous n'avons pas de Semaine Religieuse, et la publicité se fait ici par les journaux catholiques. Je les informe et les prie d'insérer les communications, de faire la propagande nécessaire. Je demande à mes deux directeurs d'Œuvres, l'un laïque, M. Weydmann, conseiller général, l'autre ecclésiastique, M. l'abbé Clod, de favoriser de leur mieux le Congrès.

« Veuillez agréer, Monsieur le Député et cher Monsieur l'Abbé, l'expression de mes sentiments bien respectueux, l'assurance de mon religieux dévouement en N.-S.

« ✝ CHARLES RUCH,
« *Evêque de Strasbourg.*

Les applaudissements qui saluent cette lecture prouvent à quel point ces regrets sont partagés par l'assemblée.

M. Strauss, ministre de l'Hygiène, prend ensuite la parole. Il se réjouit d'assister à cette belle manifestation populaire. Après les nombreux Congrès de science, d'hygiène, d'œuvres sociales qui viennent de se succéder à Strasbourg, elle prouve à quel point l'Alsace tout entière est prête à partager les préoccupations utiles, à s'enthousiasmer pour les initiatives généreuses de la patrie. Il félicite les jardiniers et leurs enfants d'être venus dans ce jour symbolique se grouper autour de l'abbé Lemire. Il se félicite personnellement d'avoir pu, par sa présence, témoigner à cet homme de bien, à ce grand animateur social, la sympathie du Gouvernement à l'égard de l'Œuvre des Jardins Ouvriers, cette œuvre vitale et fondamentale, qui exalte les vertus familiales, qui enseigne l'épargne et la prévoyance, qui tue l'alcoolisme, qui suscite le désir d'accession à la petite propriété : toutes choses qui sont un gage d'union, de prospérité nationale et de paix sociale.

Après M. le Ministre, c'est l'Alsace qui prend la parole.

ALLOCUTION DE M. LE DOCTEUR SCHEIBEL

Syndic de la ville de Mulhouse
Président de la Société pour le développement des Jardins Ouvriers

« Mesdames et Messieurs,

« Mulhouse aussi n'a pas voulu manquer à l'appel pour cette belle manifestation des Sociétés de Jardins Ouvriers de France, elle qui a vu naître sur son sol, il y a près d'un demi-siècle, les premières cités ouvrières. Le nom de Jean Dollfus évoque en nous le souvenir non seulement du grand industriel qui a aidé à assurer à la ville de Mulhouse la place qu'elle a conquise sur le marché mondial, mais aussi l'image du philanthrope qui a su donner à ses ouvriers et à leur famille une petite maison et un petit jardin.

« L'Œuvre de la Cité ouvrière de Mulhouse offre encore aujourd'hui une des plus pures expressions de la philanthropie chrétienne ; toute notre activité, toutes nos aspirations aujourd'hui reposent sur les idées généreuses qui ont animé et guidé ce grand bienfaiteur.

« Soyez assuré que nous ferons de notre mieux pour rester dignes de nos aînés, que nous maintiendrons les traditions qu'ils nous ont laissées et que nous continuerons à travailler pour développer de plus en plus leur œuvre, qui est pour nous un héritage sacré.

« Après l'armistice, la situation à Mulhouse était bien pénible pour nous ; coupée pour ainsi dire pendant toute la durée de la guerre de tout le reste de l'Alsace, puisque située dans la zone des opérations, Mulhouse pouvait être considérée comme paralysée, et toute initiative privée y était étouffée. Aussi ce fut avec une joie indescriptible que nous accueillîmes les vaillants soldats qui, après tant d'angoisses, nous ont apporté la victoire et la liberté.

Aussitôt nous nous sommes mis en action pour créer des jardins malgré toutes les difficultés qui s'opposaient à nous; nous sommes aujourd'hui solidement constitués, notre groupement se composant de 450 membres. Tous nous travaillons dans une union étroite et nous avons les meilleurs espoirs dans l'avenir. Il est particulièrement nécessaire dans une ville industrielle comme Mulhouse que l'impossible soit fait pour assurer la santé et augmenter le bien-être du travailleur et de sa famille.

« Il était donc tout naturel que Mulhouse ait répondu avec enthousiasme à votre appel, désireuse qu'elle est de collaborer activement la main dans la main avec les sociétés sœurs des autres départements, réunies autour de notre cher drapeau tricolore, dans une seule et unique pensée : celle d'aider de tous nos faibles moyens à entretenir la vigueur de notre race, à rendre fortes les générations futures, et à assurer de cette façon à notre patrie un avenir tranquille, dans le travail et dans la paix. »

DISCOURS DE M. MICHEL WALTER
Député du Bas-Rhin

« Mesdames, Messieurs,

« Toutes les paroles qui ont été prononcées par les différents orateurs au cours de ce Congrès ont exprimé la joie profonde de tous les congressistes d'avoir pu se donner rendez-vous dans cette belle ville de Strasbourg, capitale de l'Alsace redevenue française.

« Des quatre coins de la France, vous avez répondu à l'appel du président, du fondateur vénéré de la Ligue française du Coin de Terre et du Foyer, à l'appel du défenseur dévoué et infatigable des intérêts de cette Ligue, vous invitant à venir ici pour discuter les diverses questions qui touchent à cette belle Œuvre des Jardins Ouvriers.

« Je suis persuadé que tous les membres de la Ligue remercient M. l'abbé Lemire d'avoir choisi Strasbourg pour y réunir le sixième Congrès national des Jardins Ouvriers.

« En effet, nulle part — et en avançant cela je suis certain de ne blesser aucun de nos amis des autres provinces de France — nulle part ailleurs, dis-je, plus qu'en Alsace, vous ne pourriez trouver un écho plus retentissant de tous les efforts, de tous les travaux et de tous les mérites inscrits dans les annales de votre Ligue.

« L'Alsace qui, pendant les longues années de l'occupation, n'a jamais cessé d'aimer la France, qui pendant ces années douloureuses n'a pensé qu'au jour de son retour à la mère patrie, l'Alsace qui, au jour de la victoire, s'est jetée dans les bras de la patrie retrouvée, cette Alsace, Messieurs, est fière aujourd'hui comme au premier jour de pouvoir apporter à la France son concours non seulement en ce qui concerne le nombre de sa population et les richesses de son sol, mais encore et surtout par son esprit organisateur et par sa conception, ses institutions, ses efforts au point de vue social.

« Nous sommes de ceux qui savent que le monde des ouvriers et des petits employés, des travailleurs en général, est une des bases les plus solides de la nation et que celui qui s'intéresse au sort des travailleurs a bien mérité de la patrie.

« C'est pourquoi l'Alsace, et tout spécialement la classe ouvrière, est heureuse de pouvoir saluer ici les hommes qui, depuis des dizaines d'années, ont développé en France avec un dévouement inlassable une organisation si importante au point de vue social.

« C'est pourquoi nos Sociétés pour le développement des Jardins Ouvriers en Alsace éprouvent une grande satisfaction à pouvoir se présenter aujourd'hui à la Fédération nationale des Jardins Ouvriers de France et fusionner avec elle.

« Beaucoup de Congrès, Messieurs, ont été tenus à Strasbourg au cours de ces dernières années, mais ce sixième Congrès national des Jardins Ouvriers a une mission toute spéciale, dont il peut être fier : il doit montrer à la classe ouvrière de notre province qu'au point de vue social également il existe en France des œuvres auxquelles nos travailleurs peuvent s'associer et qui peuvent même leur servir d'exemple.

« Et en songeant à tous ceux qui ont développé cette Œuvre des Jardins Ouvriers en France, je ne veux pas passer sous silence celui qui, non seulement par son travail infatigable et par son dévouement sans bornes, mais encore par sa modestie connue de chacun, mérite notre plus profonde reconnaissance. Monsieur l'Abbé et cher Collègue, c'est en 1897 que vous avez créé cette belle œuvre profondément humaine de la Ligue française du Coin de Terre et du Foyer. Et aujourd'hui, après un quart de siècle d'existence de cette œuvre, vous avez la grande satisfaction de constater que vos efforts n'ont pas été vains. Les 50.000 jardins ouvriers répandus à travers la France, dans soixante départements, sont les fruits de votre initiative et de votre travail.

« Vous avez rappelé, mon cher Monsieur l'Abbé, lors du dernier Congrès à Paris, en 1920, les grands vides que la guerre a valus à votre Ligue, et vous avez dit : « *Continuons notre œuvre ; derrière nous les deuils, devant nous les devoirs!* » Qu'il me soit permis d'ajouter à ces belles paroles : *« et devant nous les espoirs! »* Car l'Alsace, revenue à la France grâce aux sacrifices de vos morts, va combler ces vides et vous apporter son concours pour tout l'avenir.

« En effet, en Alsace, l'Œuvre des Jardins Ouvriers est très développée. Je ne vous citerai que quelques exemples : l'Administration des Chemins de fer a 237 hectares de Jardins Ouvriers ; la ville de Strasbourg 159 hectares 70 ; la ville de Mulhouse 65 hectares ; la ville de Colmar 28 hectares ; la ville de Sélestat 1 hectare 20 et la ville de Haguenau 1 hectare.

« Nous savons que le but des Jardins Ouvriers est le bien-être social.

« On veut, dans l'intérêt de toute la population, sans distinction de rang et de classe, contribuer à augmenter et à affermir la prospérité sociale des villes, des départements, de l'Etat tout entier.

« La grande importance des Jardins Ouvriers, au point de vue hygiénique, économique, familial, social et moral, n'échappe à personne.

« Je crois être qualifié pour vous en dire un mot, comptant moi-même parmi ceux qui cultivent depuis des années un petit jardin cédé par la ville de Strasbourg.

« Au point de vue économique d'abord, on soumet à une exploitation fructueuse bien des terrains qui, sans cela, resteraient entièrement ou partiellement inutilisés, et les fermiers des petites parcelles s'efforcent d'obtenir du sol, par une culture intensive et rationnelle, le meilleur rendement possible.

« Permettez-moi de vous donner quelques chiffres très intéressants : la valeur totale de la récolte en 1922 des Jardins Ouvriers de l'Administration des Chemins de fer s'élevait à 4.290.000 francs, celle des Jardins Ouvriers de la ville de Strasbourg à 2.704.000 francs, de Mulhouse à 1.137.000 francs et de Colmar à 476.000 francs. Ces chiffres prouvent à l'évidence l'importance des Jardins Ouvriers au point de vue économique.

« Au point de vue hygiénique ensuite, le mouvement en plein air, après un travail accompli dans des ateliers ou bureaux peut-être insuffisamment aérés, est un véritable bienfait pour tout l'organisme. Le travail dans le petit jardin, le séjour en plein air, le maniement de la bêche, les mouvements divers et répétés qu'exige le jardinage contribuent à fortifier toute la constitution physique, c'est en quelque sorte un sport modéré avec tous ses avantages au point de vue hygiénique.

« Et alors, au point de vue familial. Après le travail quotidien professionnel, l'homme ne cherche pas à se distraire par ailleurs, mais il va à son jardin, où il trouve du travail qui lui fait plaisir. Et si le soin du ménage et les devoirs scolaires le permettent, la femme et les enfants y vont également pour aider le père de famille dans son travail ou pour contempler les fruits de ses efforts. Le dimanche après midi, toute la famille réunie se fait un plaisir de passer des heures entières au jardin. Tout le monde se réjouit de voir les efforts de la semaine couronnés de succès. Et quelle joie pour les enfants de pouvoir travailler, planter, semer et ensuite récolter eux-mêmes avec leurs parents !

« Il n'y a réellement pas de moyen plus efficace pour vivifier et fortifier la vie de famille, à notre époque de journée de huit heures, que ce jardin auquel le père, rentré de son travail professionnel, consacre, secondé par sa femme et ses enfants, quelques heures de loisir. Je dirai même que la journée de huit heures n'a une réelle valeur morale et ne peut effectivement devenir un avantage et un bonheur pour l'ouvrier que si les administrations communales et départementales cherchent par tous les moyens à lui procurer la possibilité d'employer utilement au sein de la famille les heures libres dont il dispose.

« Le travail au jardin est également une bonne leçon sociale. La classe ouvrière d'aujourd'hui a naturellement non seulement le droit, mais encore le devoir de se préoccuper de ses intérêts professionnels et des grands problèmes sociaux actuels, qui se posent inévitablement au sein

de toutes les nations modernes dans la lutte pour le progrès, et qui ont leur origine dans les rapports du travail
et du capital. Mais celui qui cultive son petit jardin,
qui peut considérer un petit coin de terre ou du moins
ce qu'il rapporte comme sa propriété, celui qui peut disposer librement du fruit de son travail, n'envisagera
jamais comme but de son activité la destruction. Il saura
toujours que la société, aussi bien que la terre qu'il cultive,
ne pourra jamais être fertile sans ces éléments essentiels:
travail, ordre et propriété.

« La doctrine sociale de celui qui cultive un jardin sera
toujours basée sur l'amour du travail et sur l'amour de la
terre. Et ces hommes seront non seulement de bons pères
de famille, mais nécessairement de bons citoyens.

« Enfin, Messieurs, les Jardins Ouvriers sont d'une importance capitale au point de vue moral. Oui, il ne s'agit pas
seulement, comme M⁅ᴳʳ⁆ Julien l'a écrit à juste titre à
M. l'abbé Lemire, il ne s'agit pas seulement de procurer
aux loisirs du travailleur une distraction rémunératrice:
les Jardins Ouvriers visent plus loin et plus haut.

« Si l'ouvrier, si l'employé aime son jardin, ce n'est
pas tant pour ce qu'il lui rapporte, ce n'est pas tant pour
le profit matériel qu'il en retire, c'est d'abord et surtout
parce qu'il est heureux d'avoir à côté du foyer un petit
coin de terre, un petit jardin qui lui est confié, dont le
produit lui appartient, où il est chez lui, où il est à son
aise, où il peut faire librement ce qu'il veut, sans être
sous la menace continuelle d'une existence qui dépend
des autres.

« D'ordinaire, nos travailleurs regardent la nature et la
société à travers les couleurs plutôt sombres des sentiments résultant du travail professionnel. Mais ici, dans le
jardin, l'état d'âme de l'ouvrier se transforme. La satisfaction d'avoir fait produire à son coin de terre des légumes et des fruits, le plaisir de les devoir à son labeur et
à ses soins, éclairent son ciel, et il regarde le monde à
travers les couleurs joyeuses des produits et des fleurs de
son jardin.

« Voilà, Messieurs, la valeur et l'importance que représentent les Jardins Ouvriers.

« La classe laborieuse d'Alsace est heureuse de savoir que tout spécialement nos municipalités ont compris ce rôle important des Jardins Ouvriers.

« En tête de ce mouvement marche la ville de Strasbourg qui déjà, en 1908, a créé au nombre de 80 des jardins ouvriers, et cela sur l'initiative de M. le docteur Garcin, de ce grand philanthrope dont le monde ouvrier de Strasbourg gardera pour toujours un ineffaçable souvenir. Depuis ce jour, la ville de Strasbourg a développé cette Œuvre, de sorte qu'aujourd'hui elle se place avec 159 hectares de Jardins ouvriers à la tête de toutes les villes d'Alsace.

« Peu après l'armistice, la Société Hygiénique du docteur Garcin fut dissoute et remplacée par la Société pour le développement des Jardins Ouvriers, qui est secondée dans ses efforts par un Office spécial, créé en 1919 par la municipalité de Strasbourg.

« Je crois pouvoir parler au nom de tous les petits jardiniers de Strasbourg ici présents si j'exprime à M. Peirotes, maire de la ville de Strasbourg, ainsi qu'à M. Keppi, ancien adjoint du maire et aujourd'hui secrétaire général de la ville de Haguenau, les plus sincères remerciements pour la clairvoyance et le grand dévouement avec lesquels ils se sont toujours intéressés à cette œuvre sociale.

« Des sociétés semblables à celle de Strasbourg ont été constituées ou vont être constituées à Mulhouse, Colmar et dans d'autres villes d'Alsace.

« Nous espérons, dans l'intérêt de la bonne cause des Jardins Ouvriers, que partout, dans les villés grandes et moyennes et même dans de petites villes de nos deux départements, des Sociétés de ce genre seront prochainement constituées pour que la Fédération de toutes ces Sociétés d'Alsace soit un concours efficace à la grande Fédération nationale de France.

« La fête du centenaire de Pasteur et le souvenir de ce grand savant, dont les travaux et les succès représentent

autant de bienfaits pour l'humanité en général que pour
la classe ouvrière en particulier, doivent encourager nos
administrations communales et départementales à développer à l'avenir encore plus que par le passé cette œuvre
des Jardins Ouvriers, qui elle aussi représente un bienfait
de premier ordre pour le monde des travailleurs.

« Il y a des milieux, Messieurs, qui ne comprennent pas
suffisamment les aspirations légitimes de la classe des
travailleurs, qui sont étonnés et se plaignent de voir les
ouvriers et employés quelquefois excités et mécontents. Il
y a des milieux qui n'ont pas une conception suffisante
des sentiments de ceux qui, attachés tous les jours au travail et au devoir professionnel, poursuivent comme but
légitime une situation plus élevée au point de vue matériel, social et moral. Ces milieux sont dans une erreur profonde. Qu'on dote ces ouvriers et employés non seulement
d'une assurance sociale qui les garantisse des risques de
la vie et de l'âge, mais qu'on leur donne encore de l'air,
et le goût de l'indépendance et de la propriété. Qu'on leur
donne un coin de terre, un petit jardin qu'ils puissent
cultiver librement avec leurs familles, et la crise sociale
dont souffre le monde sera en grande partie résolue.

« La classe ouvrière ne peut pas se contenter de paroles,
il faut des actes. Et le développement des Jardins Ouvriers
peut être un des moyens les plus efficaces pour assurer
au monde des travailleurs la place qu'il prétend occuper
— et cela avec raison — dans la société moderne.

« Sur ce terrain, Messieurs, se rencontrent les Sociétés
pour le développement des Jardins Ouvriers en Alsace et
la grande Fédération nationale des Jardins Ouvriers de
France.

« Ce jour de la présentation de la Fédération des
Sociétés des Jardins Ouvriers d'Alsace à la Fédération
nationale marque une étape dans l'histoire du développement des deux fédérations.

« Les Jardins Ouvriers d'Alsace seront à l'avenir une
partie intégrante de la grande Œuvre des Jardins Ouvriers
de France.

« Les fermiers des petits Jardins populaires d'Alsace et tous ceux qui s'occupent du développement de cette Œuvre tendent leurs mains à leurs camarades du reste de la France, qui poursuivent le même but, pour travailler d'un commun effort à la prospérité sociale de la France ouvrière.

« Vous avez vu, Messieurs, le beau cortège à travers les rues de notre belle ville de Strasbourg. Vous avez vu ces groupes qui, dans leur ensemble, ont représenté les motifs de la vie d'un petit jardinier.

« Soyez assurés que ces hommes, ces femmes et ces enfants qui ont suivi le cortège auront toujours pour devise l'amour du travail et l'amour de la France.

« C'est l'amour du travail qui surmontera toutes les difficultés qui peuvent surgir dans la société actuelle, et c'est l'amour de la patrie qui garantira le salut de l'avenir de la France.

« L'Alsace, Messieurs, aura toujours à cœur d'être le porte-drapeau de cette devise.

« Ces milliers de personnes qui assistent aujourd'hui à cette manifestation splendide, et qui représentent tous les Jardins Ouvriers de notre petit pays, vous promettent solennellement de vouloir toujours par leur travail servir la-France. »

ALLOCUTION DE M. PEIROTES

Maire de Strasbourg.

« Mesdames,

« Messieurs,

« Avant de nous séparer, je tiens à vous exprimer mes plus sincères remerciements, d'abord pour l'honneur que vous avez fait à notre vieille cité, si heureuse d'être rentrée au foyer maternel, ensuite pour les renseignements que vous nous avez apportés, et dont nous tirerons le meilleur profit pour en faire bénéficier toute notre population, qui ne manquera pas à son tour de vous apporter son tribut de reconnaissance.

« Ce n'est pas sans raisons que l'on dit que de la discussion jaillit la lumière.

« Mais, avant de discuter, il faut se rencontrer.

« Voyons-nous donc bien souvent, restons en contact permanent, et plus nous nous verrons, plus nous nous aimerons.

« Tous ceux qui nous sont chers, et à la cause desquels nous nous dévouons, ne pourront qu'y gagner.

« Sachez, Mesdames et Messieurs, que Strasbourg sera constamment avec vous, et de tout cœur, quand il s'agira de travailler pour le bien de l'humanité et pour la prospérité de la nation.

« Je suis heureux, je vous l'ai dit, que vous ayez choisi Strasbourg comme siège de votre Congrès. Je m'en réjouis d'autant plus, que vous m'avez ainsi fourni l'occasion de faire la connaissance de toute une série d'autorités dans le domaine social dont j'ai déjà pu apprécier la haute compétence et dont la bienveillante collaboration future me sera des plus précieuses.

« Au nom de mes concitoyens, merci à vous tous, merci à votre vénéré Président, mon excellent collègue, M. l'abbé Lemire, avec lequel j'ai pu sincèrement fraterniser pour la première fois, — honneur dont je me souviendrai toute ma vie, — et qui nous a démontré, une fois de plus, sa grandeur d'âme et son dévouement illimité à la République française.

« Merci, Mesdames et Messieurs, merci ! »

*
**

A ces divers discours se mêlent, grâce au concours d'artistes distingués, des intermèdes choisis et variés, morceaux d'orgue et de violon, chansons et danses locales, chœurs d'enfants et de jeunes filles.

Les grands nœuds éclatants ou sombres, la riche harmonie des costumes multicolorés, forment au fond de la salle un gracieux décor d'Alsace qui parle au cœur des congressistes en charmant leurs yeux.

C'est au milieu de ce vivant décor, entre le drapeau tricolore et la bannière des Jardins Ouvriers déployés sur la scène, que l'abbé Lemire prend une dernière fois la parole.

Après avoir rappelé que cette bannière offerte en 1912 à la Ligue française du Coin de Terre et du Foyer par une Alsacienne fidèle comme un baiser d'espérance, revient à Strasbourg pour donner à l'Alsace recouvrée le baiser de la victoire, il exprime la reconnaissance de tous les congressistes à la Fédération des Jardins Ouvriers d'Alsace pour ce magnifique accueil.

« Trois mots, conclut l'abbé Lemire, résument tout notre Congrès, comme ils résument toute notre Œuvre :

« Amour de la terre, terre du jardin de l'ouvrier, terre d'Alsace, terre de France !

« Honneur au travail ! au travail volontaire, au travail intelligent, au travail fraternel des Jardins Ouvriers !

« Dévouement à la famille, raison d'être, but et joie de notre Œuvre !

« La terre, le travail, la famille : ce sont ces trois liens qui ont maintenu l'Alsace attachée à la France. Ce sont eux qui unissent aujourd'hui, à travers la France entière, de l'Est à l'Ouest, du Nord au Midi, tous nos petits Jardins.

« Vivent les Jardins Ouvriers! Vive l'Alsace! Vive la France ! »

Ces acclamations sont répétées en clameurs enthousiastes par l'immense auditoire, qui ajoute, à l'instigation de M\gr Jost : « Vive l'abbé Lemire ! »

Toute la salle est debout. Et le chant de *la Marseillaise* s'élève, accompagné par les grandes orgues et deux fois repris en chœur gravement, presque religieusement par la foule.

Ce fut la clôture émouvante et grandiose du Congrès.

A SAINTE-ODILE

Le lendemain 24 septembre, un grand nombre de congressistes faisaient à Sainte-Odile l'excursion traditionnelle qu'on peut appeler le pèlerinage d'Alsace.

Ils traversaient les villages qui ont conservé leur antique physionomie, avec leurs maisons aux toits colorés, groupées autour de l'Eglise qui les tient sous ses vastes nefs comme la poule abrite ses poussins sous ses ailes, avec leurs antiques lavoirs, leurs vieilles enseignes, leurs grands toits protecteurs aux petites lucarnes curieuses comme des yeux toujours ouverts, le sourire et la bonne grâce des braves gens qui les regardent passer, les jeunes filles aux fenêtres bordées de fleurs.

Par une coïncidence heureuse, Obernai est en fête, toute parée des drapeaux de l'armistice, pour recevoir une délégation tourangelle venue pour lui rendre visite. Dans le vieil hôtel de ville, le maire de Tours, le maire d'Hazebrouck et le maire d'Obernai se donnent la main. L'abbé Lemire rappelle le souvenir de Mgr Freppel, dont l'église d'Obernai garde le cœur exposé comme une relique du double amour qui l'a fait battre : l'amour de la religion et l'amour de la patrie.

Après avoir gravi les lacets de la route qui longe le torrent, entre les hauts sapins qui montent à l'envi pour chercher un peu de ciel, les congressistes atteignent le sommet du mont Sainte-Odile.

Du haut de cette colline, au milieu des souvenirs de la vieille légende et de la douce sainte qui guérissait les aveugles, leur vue s'étend sur l'immense plaine d'Alsace où tout à l'heure l'auto-car circulait entre les chariots primitifs traînés par les bœufs jaunes et les échelles des paysans cueillant leur part de fruits sur les pommiers de la route. Les villages sans nombre jettent dans la verdure les tapis rouges de leurs toits ; à droite la ligne bleue des Vosges, dans le lointain la sombre silhouette de la Forêt-

Noire et la flèche blanche de la cathédrale de Strasbourg indiquant la ligne du Rhin redevenu notre fleuve.

Ah ! que l'on comprend bien alors l'exclamation de Louis XIV lorsqu'il vit pour la première fois se déployer à ses yeux cette admirable plaine d'Alsace: « Quel beau jardin! »

Ce beau jardin, ne fallait-il pas que l'Œuvre des Jardins Ouvriers vînt le contempler, doublement réjouie, et qu'il soit réuni à la France, et que grâce aux dévouements qui s'y multiplient, bientôt chaque famille puisse espérer d'y jouir d'un coin de terre.

Nos amis s'emploieront en Alsace, nous nous emploierons tous dans le reste de la France à réaliser ce programme idéal. Il n'en est pas de plus noble pour ceux qui ont au cœur l'amour de leurs frères ; il n'en est pas de plus sûrement bienfaisant pour ceux qui en sont l'objet.

Car sa réalisation apporte à la famille humaine les dons essentiels et primitifs que le Créateur lui a faits à l'origine du monde.

La plus antique tradition a salué du nom de Paradis terrestre le premier jardin.

Jardin ouvrier en vérité, selon le texte de la Bible, qui dit : « Jéhovah prit l'homme, et le plaça dans le jardin d'Eden pour le cultiver et pour le garder. » (*Genèse*, II, 15.) Primitive union de la terre et du travail !

Placer l'homme et la famille humaine sur un coin de terre pour le cultiver et pour le garder, c'est le but même de notre œuvre.

Abbé Lemire.

TABLEAU

DES

Œuvres Françaises de Jardins Ouvriers

En 1923

Ce tableau mentionne uniquement les œuvres de Jardins Ouvriers proprement dites. C'est pourquoi les Jardins Ouvriers de l'Industrie, qui sont le plus souvent adjoints à des habitations, n'y figurent pas. Consulter, en ce qui les concerne, le rapport de M. Choquet, p. 89.

Tableau des Œuvres Françaises de Jardins Ouvriers en 1925

DÉPARTEMENTS	LOCALITÉS	ŒUVRES	DATE de la fondation	NOMBRE des jardins	SURFACE de chaque jardin en m. q.	SURFACE TOTALE cultivée en hect., ares et m. q.
Ain....	Bourg	Œuvre Municipale....	1919	232	300	6 96
—	Nantua	Œuvre Municipale..		150	120	2
Aisne	Saint-Quentin....	Société des Jardins Ouvriers de la Ville	1919	580	300 à 500	20
—	—	Jardins Ouvriers de la Conférence St-Vincent-de-Paul	1900	80	200	2
—	Soissons.............	Jardins Ouvriers de la Société de Secours Mutuels..........		52	400	2
—	Guise	Œuvre Municipale		35	160	0 60
—	Hirson.............	Œuvre Municipale..		20	300	0 60
Allier.	Moulins.. ..	Société des Jardins Ouvriers de N -D -du-Travail . . .	1905	76	250	2 08
—	Montluçon	Jardins Ouvriers de l'Union Horticole...	1919	344	100 à 400	5 16 60
—	Vichy.	Œuvre Vichyssoise des Jardins Ouvriers.	1919	80	250	2 30
Alpes-Maritimes...	Nice.....	Jardins Ouvriers de la Ligue des Familles Nombreuses.	1916	9	250 à 700	37
—	Cannes...............	Jardins Ouvriers de la Conférence St-Vincent-de-Paul. ..	1903	26	150 à 200	60
Ardennes.	Sedan	Œuvre Terrienne Sedanaise. .	1889	613	400	27 14 96
—	Charleville	Jardins Ouvriers de la Paix Sociale..:	1908	150	400	6
Aube.............	Troyes.................	Association des Jardins Ouvriers.	1900	150	300	4 04
Aube.	Troyes	Jardins Ouvriers de la Caisse d'Epargne...		33	300	1 11
—	Romilly-sur-Seine	Œuvre Municipale		276	300	8 56
Aude.............	Carcassonne.	Conférence St-Vincent de-Paul	1896	98	250	2 50
—	Castelnaudary.....	Œuvre des Jardins Ouvriers. .	1917	135	250	3 37
Aveyron	Rodez	Jardins Ouvriers de la Conférence St-Vincent-de-Paul . .		36	160	57 60
Bas-Rhin	Strasbourg.............	Office Municipal et Société pour le développement des Jardins Ouvriers...	1908	3155	200 à 300	159 70
—	—	Œuvres diverses.		1250		
—	Haguenau ....,	Œuvre Municipale......... . .		33	300	1
—	Sélestat............. ...	Œuvre Municipale		34	200	1 20
Basses-Pyrénées...	Pau	Société des Jardins Ouvriers . .	1910	87	350	3 40
—	Bayonne	Œuvre des Jardins Ouvriers de Bayonne	1919	11	400	45
—	Jurançon.......... ...	Œuvre Paroissiale	1912	55	400	2 20
Belfort (Territ. de).	Belfort.	Société Coopérative de Jardinage de Belfort........	1920	260	400	9 50
Bouches-du-Rhône.	Marseille	Œuvre des Jardins de Famille	1910	354	200	10
—	Miramas............	Société Anonyme Coopérative d'Habitations et Jardins Ouvriers.	1909	18	400	72
Calvados..........	Caen	Société Caennaise d'Habitations à Bon Marché et Jardins Ouvriers..	1905	40	300 à 400	2
—	Lisieux................	Œuvre Municipale	1903	46	200	1
Charente-Inférre...	La Rochelle.......	Œuvre des Jardins Ouvriers de La Rochelle	1900	244	300	7
Côte-d'Or.........	Dijon............. ...	Société des Jardins Ouvriers, Section Locale de la Ligue du C T. F	1903	347	300	11 14 67
Creuse........ ...	Guéret	Jardins Ouvriers de la Caisse d'Epargne............		16	400 à 800	1
Deux-Sèvres	Niort.................	Jardins Ouvriers de la Société d'Horticulture...............		20	250	50

Tableau des Œuvres Françaises de Jardins Ouvriers en 1923 (*suite*)

DÉPARTEMENTS	LOCALITÉS	ŒUVRES	DATE de la fondation	NOMBRE des jardins	SURFACE de chaque jardin en m. q.	SURFACE TOTALE cultivée en hect., ares et m. q.
Deux-Sèvres	Melle	Société Melloise d'Habitations et de Jardins Ouvriers		14	450	65
Doubs	Besançon	Œuvre Municipale des Jardins Ouvriers	1921	50	200	1 56
—	—	Jardins Ouvriers de la Caisse d'Epargne	1911	54	500	3 10
—	Pontarlier	Jardins Ouvriers de la Société St-Vincent-de-Paul	1904	316	80 à 100	3
—	Saint-Claude	Jardins Ouvriers des Cheminots (œuvre paroissiale)	1908	30	300	1 06
Drôme	Valence	Jardins Ouvriers du Foyer Drômois		48	200 à 500	2
Eure	Bernay	Association des Jardins Ouvriers de Bernay	1912	30	100	30
—	Gisors	Œuvre des Jardins Ouvriers de Gisors	1912	185	500	9 25
—	Louviers	Œuvre des Jardins Ouvriers	1880	120	200	2 53 36
—	Verneuil-sur-Avre	Œuvre des Jardins de l'Etang	1903	29	350	1 09 30
Eure-et-Loir	Chartres	Société des Jardins Ouvriers de Chartres	1911	43	300	1 30
—	Dreux	Association des Jardins Ouvriers de Dreux	1905	113	250 à 400	5
—	Nogent-le-Rotrou	Jardins Ouvriers de la Caisse d'Epargne	1919	42	100	42
Finistère	Brest	Le Coin de Terre et le Foyer de Brest et des Environs	1904	50	350	1 96 60
—	Morlaix	Œuvre Municipale		89	1200	10 68
—	Saint-Pierre-Quilbignon	Œuvre Municipale des Jardins Ouvriers	1920	63	400	2 55
—	Saint-Pol-de-Léon	Œuvre Municipale		100	300	3
Gard	Nîmes	Société des Jardins Ouvriers de Nîmes	1901	219	200	5 50
—	—	Société St-Fiacre, Section locale de la Ligue du C. T. F.	1921	86	160	1 72
—	Alais	Œuvre Alaisienne des Jardins Ouvriers, Section locale de la Ligue du C. T. F.	1916	25	200	50
Gironde	Bordeaux	Œuvre des Jardins Ouvriers de Bordeaux	1905	417	250	12
Hautes-Alpes	Gap	Société Haute-Alpine du Coin de Terre et du Foyer	1901	14	300	42
Haute-Garonne	Toulouse	Le Coin de Terre Toulousain	1907	20	300	60
—	—	Jardins Ouvriers de la Société St-Vincent-de-Paul	1898	30	300	1
Haute-Loire	Le Puy	Jardins Ouvriers de la Conférence St-Vincent-de-Paul		63	300	2 50
—	—	Œuvre municipale des Jardins Ouvriers	1922	65	200	1 30
Haute-Marne	Chaumont	Jardins ouvriers de la Conférence St-Jean	1898	18	300	52
—	—	Jardins Ouvriers de la Société d'Horticulture	1915	104	180 à 200	2
—	Saint-Dizier	Œuvre des Jardins Ouvriers de St-Dizier	1904	45	300	1 35
Hautes-Pyrénées	Bagnères-de-Bigorre	Jardins ouvriers de la Conférence St-Vincent-de-Paul	1899	16	400	75
Haut-Rhin	Mulhouse	Société pour le Développement des Jardins Ouvriers	1921	407	300 à 400	15 80
—	—	Jardins ouvriers de la ville de Mulhouse	1850	1208	300 à 400	50

Tableau des Œuvres Françaises de Jardins Ouvriers en 1923 *(suite)*

DÉPARTEMENTS	LOCALITÉS	ŒUVRES	DATE de la fondation	NOMBRE des jardins	SURFACE de chaque jardin en m. q.	SURFACE TOTALE cultivée en hect., ares et m. q.
Haut-Rhin..... ...	Mulhouse	Société d'Hygiène naturelle.. ..		66	150	1 77
Haute-Saône	Vesoul:..... .. • ...	Œuvre Municipale.		30	300	1
Haute-Savoie......	Annecy.................	Association Chrétienne du C. T. F.		24	400	1
Haute-Vienne	Limoges.	Société des Jardins Ouvriers...	1905	500	250	12 50
Ille-et-Vilaine......	Rennes....	Œuvre des Jardins Ouvriers de Rennes	1909	170	150 à 200	3 05 54
—	Fougères	Société des Jardins Potagers Fougerais	1916	120	230	2 50
Indre-et-Loire. ...	Tours.........	Œuvre Générale des Jardins Ouvriers de Tours	1898	186	200 à 300	4 90 54
—	Saint-Symphorien	Œuvre du Coin de Terre. Fondation Siegfried	1913	78	200	1 56
Isère	Grenoble.	Ligue Dauphinoise du C T F.	1905	98	250	2 50
—	Vienne	Jardins Ouvriers du Sillon. ..		80	230	1 80
Jura.	Lons-le-Saunier	Section Lédonienne de la Ligue du Coin de Terre et du Foyer	1900	158	250 à 400	5 56
Loir-et-Cher......	Blois	Union Blésoise des Jardins Ouvriers.................	1896	150	400	7
—	Vendôme	Œuvre de M. Riverain.	1919	18	500	1 50
Loire.......	Saint-Etienne	Association pour le Jardin et le Foyer de l'Ouvrier	1894	1300	200	26
—	—	Fédération des Sociétés de Jardins Ouvriers de l'arrondissement de St-Etienne..........	1921	2850	200	60
Loire............	Charlieu............ ...	Association des Jardins Ouvriers	1905	72	150 à 200	1 50
—	Izieux.................	Œuvre des Jardins Ouvriers d'Izieux.	1906	24	150	35
—	Montbrison......	Jardins Ouvriers du Cercle d'Etudes religieuses et sociales...	1907	45	200	89
—	Saint-Bonnet-le-Château.	Jardins Ouvriers de l'Hospice de St-Bonnet.	1908	70	130	91 09
Loire-Inférieure ...	Nantes	Œuvre municipale du Jardin Familial	1916	47	300	1 35
—	—	Comité des Jardins Ouvriers....	1894	108	200	1 56
Loiret	Orléans................	Association Orléanaise des Jardins Ouvriers	1904	301	200 à 250	8 05 70
—	Montargis..............	Jardins Ouvriers de la Caisse d'Epargne....		143	580	8 42 93
—	Pithiviers.............	Œuvre des Jardins Ouvriers..	1901	87	200	1 73
Lot-et-Garonne....	Agen.......	Jardins Ouvriers de la Caisse d'Epargne		18	240	43 20
Lozère.......... ·	Mende... ...	Jardins Ouvriers des Pénitents-Blancs	1895	24	150	35
Manche..........	Saint-Lô	Œuvre Municipale des Jardins Ouvriers		18	100 à 130	27
—	Cherbourg.............	Jardins Ouvriers du Bureau de Bienfaisance	1908	328	250	8 02 16
—	—	Ligue des Familles Nombreuses.		80	300	2 57 13
Marne	Châlons-sur-Marne	Société des Jardins Ouvriers de Châlons-sur-Marne...	1920	342	400	13 83 32
—	Reims	Société des Jardins Ouvriers de Reims.	1898	120	300	4 50
—	Vitry-le-François	Œuvre Paroissiale.....	1900	70	700	5
Mayenne....... ..	Laval..................	Association des Jardins Ouvriers de Laval	1915	110	120	1 52
—	Mayenne	Œuvre Municipale (fondation Guyard).		226	200	4 52
Meurthe-et-Moselle	Nancy.................	Société des Jardins Ouvriers, section de la Ligue du Coin de Terre........	1896	312	300	6 24

Tableau des Œuvres Françaises de Jardins Ouvriers en 1925 (*suite*)

DÉPARTEMENTS	LOCALITÉS	ŒUVRES	DATE de la fondation	NOMBRE des jardins	SURFACE de chaque jardin en m. q.	SURFACE TOTALE cultivée en hect., ares et m. q.
Meurthe-et-Moselle	Nancy	OEuvre Nancéienne d'assistance par le Jardin.	1900	244	250	6 67
—	—	Jardins Ouvriers des Familles Nombreuses.	1920	396	250 à 300	8 89
Meuse	Bar-le-Duc	OEuvre des Jardins Ouvriers		20	500	1
Morbihan	Hennebont	OEuvre des Jardins Ouvriers	1904	12	400	48
Moselle	Metz	Jardins Ouvriers de la Ville de Metz.	1921	217	500	11 40 55
Nord	Anzin	OEuvre Municipale.	1906	42	300	1 20
—	Armentières	Union Syndicale des Jardins Ouvriers d'Armentières	1906	210	450	9
—	Avesnes	Le Coin de Terre Avesnois.	1904	35	300	1
—	—	Société des Jardins Ouvriers	1908	24	800 à 1000	2
—	—	Jardins Ouvriers de la Société d'Horticulture.	1912	67	300	2 01
—	Bailleul.	Jardins Ouvriers de la Caisse d'Epargne.		20	500	1
—	Bavay	OEuvre des Jardins Ouvriers.		26	400	1 05
—	Bergues	OEuvre Berguoise des Jardins Ouvriers.	1917	84	200 à 300	2 39
—	Beuvrages	Jardins Ouvriers du Bureau de Bienfaisance		28	400	1 10
—	Cambrai	Société des Jardins Ouvriers de Cambrai	1907	96	300	3
Nord	Cambrai	Le Coin de Terre Ouvrier Cambrésien	1908	190	350 à 400	6 50
—	Croix	Société des Jardins Ouvriers de Croix.	1905	150	250	4 50
—	Douai	Comité des Jardins Ouvriers de Douai.	1897	159	350	5 72 11
—	Dunkerque	OEuvre Municipale des Jardins Ouvriers.	1911	252	200 à 250	5 48 10
—	Fourmies	OEuvre Municipale des Jardins Ouvriers		600	200 à 300	16
—	Gravelines	Cités-Jardins de Gravelines.	1909	255	450	10
—	Haubourdin	Jardins Ouvriers de la Ville d'Haubourdin	1908	477	250 à 300	12 92
—	Hautmont	Société d'Horticulture et de Jardins Ouvriers.	1900	86	200	2 00 40
—	Hazebrouck	Société Hazebrouckoise d'Habitations à Bon Marché et de Jardins Ouvriers.	1898	36	300	1 08
—	Hondschoote	Société des Cités-Jardins Ouvriers d'Hondschoote	1922	51	370	2 50
—	Jeumont	Cercle Horticole Jeumontois.	1908	33	200	66
—	Le Cateau	Jardins Ouvriers du Bureau de Bienfaisance	1898	70	400	2 91
—	Le Quesnoy	OEuvre des Jardins Ouvriers	1905	23	325	74
—	—	Société Municipale des Jardins Ouvriers.	1920	200	300 à 350	4
—	Lesquin	OEuvre Municipale des Jardins Ouvriers.	1920	56	330	1 86 36
—	Lille	OEuvre Lilloise des Jardins Ouvriers	1906	1014	300	30
—	Loos	Association Loossoise des Jardins Ouvriers.	1907	126	250	3 15
—	—	Jardins Ouvriers Communaux.	1916	131	200 à 300	3 60 10
—	Maing	OEuvre Paroissiale des Jardins Ouvriers.	1912	70	500 à 900	4 21
—	Marcq-en-Barœul	OEuvre des Jardins Ouvriers	1900	51	200	1

Tableau des Œuvres Françaises de Jardins Ouvriers en 1923 *(suite)*

DÉPARTEMENTS	LOCALITÉS	OEUVRES	DATE de la fondation	NOMBRE des jardins	SURFACE de chaque jardin en m. q.	SURFACE TOTALE cultivée en hect., ares et m. q.
Nord	Maubeuge	Cercle Horticole de Maubeuge..	1906	160	250 à 300	4 36 93
—	Raches	Œuvre Paroissiale	1902	4	300	12
—	Roubaix	Jardins Ouvriers de l'Institut Populaire.	1902	600	250	16
—	—	Jardins Populaires	1906	190	300	5 05
—	—	Jardins pour Tous	1918	329	200 à 300	8 60
—	—	Jardins du Progrès	1909	74	200 à 300	1 90
—	—	Jardins Potagers du Cercle de la Sainte-Famille		54	300	1 60
—	—	Potagers Populaires		50	250	1 39
—	—	Jardins Beaurepaire		23	150	40
—	—	Jardins Cordonnier	1915	34	235	80
—	—	Jardins de la Rue d'Hem	1917	64	120	80
—	Rousies	Œuvre des Jardins Ouvriers de Rousies	1912	65	150 à 500	2
—	Sains-du-Nord	Société des Jardins Ouvriers	1903	190	300	5 75
—	Seclin	Jardins Ouvriers Seclinois	1909	150	300	5
—	Solesmes	Jardins Ouvriers de la Société d'Horticulture	1896	113	300	3 40
—	Thumesnil	Œuvre Paroissiale	1904	29	150 à 300	66
—	Tourcoing	Le C.T.F. Tourquennois.	1901	750	150 à 300	21
—	Valenciennes	Société des Jardins Ouvriers	1897	25	300	80
—	—	Œuvre Municipale des Jardins Ouvriers		527	325	18

DÉPARTEMENTS	LOCALITÉS	OEUVRES	DATE de la fondation	NOMBRE des jardins	SURFACE de chaque jardin en m. q.	SURFACE TOTALE cultivée en hect., ares et m. q.
Nord	Valenciennes	Jardins Ouvriers de la Caisse d'Epargne	1921	147	300	4 89 30
—	Wattrelos	Jardins du Cercle Horticole.	1898	110	100 à 150	3
—	—	Jardins Ouvriers du Vélodrome.	1919	115	300	3 21
—	—	Jardins Populaires	1911	50	400	2
—	—	Jardins Ouvriers Dhalluin	1917	56	600 à 800	4
Oise	Beauvais	Comité Central des Jardins Ouvriers de l'Oise	1878	3500	400 à 800	223 60
—	Chantilly	Œuvre Municipale des Jardins Ouvriers	1882	201	150 à 300	3 19 04
—	Compiègne	Jardins Ouvriers de l'Office Central de Bienfaisance	1905	308	400	17 47 97
—	Creil	Œuvre des Jardins Ouvriers	1904	300	300 à 400	10
—	Montataire	Société d'Horticulture et de Tempérance	1909	620	800 à 900	55 36
Orne	Alençon	Société Alençonnaise de Jardins Ouvriers « Mes Loisirs »	1912	213	500	11 25 10
Pas-de-Calais	Arras	Œuvre Municipale		131	400	5 28
—	Arques	Œuvre Municipale	1907	300	400 à 700	15
—	Berck-sur-Mer	Œuvre Municipale	1919	65	340	2 21
—	Béthune	Jardins Ouvriers de Béthune et d'Annezin	1920	37	250	1
—	Boulogne-sur-Mer	Section Boulonnaise de la Ligue du Coin de Terre	1911	636	300	18
—	—	Jardins Ouvriers de la Ville de Boulogne	1914	300	300	9
—	—	Jardins Ouvriers du Bureau de Bienfaisance	1899	32	300	1 56
—	—	Jardins Ouvriers de la Paroisse St-Pierre	1898	27	300	80
—	Calais	Section Calaisienne de la Ligue du Coin de Terre et du Foyer	1920	650	200 à 300	15
—	Etaples-sur-Mer	Jardins Ouvriers du Fort Nieulay	1912	276	200 à 250	7
—	—	Œuvre des Jardins Ouvriers	1909	80	400 à 500	3 50

Tableau des Œuvres Françaises de Jardins Ouvriers en 1925 *(suite)*

DÉPARTEMENTS	LOCALITÉS	ŒUVRES	DATE de la fondation	NOMBRE des jardins	SURFACE de chaque jardin en m. q.	SURFACE TOTALE cultivée en hect., ares et m. q.
Pas-de-Calais	Guines-en-Calaisis........	Jardins Ouvriers de St-Joseph .	1920	64	400	2 94
—	Montreuil	Œuvre Municipale		86	350	2 95
—	St-Martin-les-Boulogne ..	Jardins Ouvriers de St-Martin .	1903	56	300	1 65
—	—	Jardins des Familles nombreuses		20	300	60
—	Saint-Omer..........	Société des Jardins Ouvriers .	1898	115	300 à 400	3 97
—	Saint-Pol-sur-Ternoise..	Œuvre Municipale.	1912	56	540	3
Puy-de-Dôme	Clermont-Ferrand	Le Coin de Terre Clermontois	1897	70	220	1 40
—	Riom.	Conférence St-Vincent-de-Paul	1901	6	225	16 80
Pyrénées-Orientales	Perpignan	Œuvre des Jardins Ouvriers. Fondation Léon Dieudé. .	1907	84	300	2 60
Rhône...........	Lyon...............	Œuvre Lyonnaise des Jardins Ouvriers	1899	1 200	150	18
—	—	Jardins Ouvriers Municipaux de Lyon........	1916	1 740	150	27
—	Thizy...	Œuvre des Jardins O. de Thizy.	1910	169	250 à 300	5
Saône-et-Loire....	Mâcon................	Jardins Ouvriers de la Société d'Horticulture.	1920	82	400	4
Sarthe	Le Mans	Société L'Avenir, l'Union, l'Espérance	1900	1 029	250 à 300	30
Seine........... ...	Paris.....	Société des Jardins Ouvriers de Paris et Banlieue........	1904			
		Paris :				
—	—	Œuvre Gerson (XVIe)........	1905	17	200	34
—	—	Rue Vergniaud (XIIIe).......	1910	4	110	4 40
		Banlieue Nord :				
Seine...........	Paris...........	Boulogne-Porte du Point-du-Jour................... .	1917	20	200	40
—	—	La Celle St-Cloud...........	1921	18	300	50
—	—	Courbevoie.....	1905	4	100	4
—	—	Gennevilliers : Groupe des Grésillons...............	1921	15	200	30
—	—	Asnières : St-Joseph des Quatre-Routes..	1908	210	100	2 30
—	—	St-Ouen : Boulevard Biron....	1905	50	115	60
—	—	St-Ouen : Groupe Jeanne-d'Arc	1908	40	130	54
—	—	St-Denis : Groupe des Forts...	1909	750	250 à 300	24
—	—	Pantin-Aubervilliers..........	1908	651	120	10
		Banlieue Sud :				
—	—	Maisons-Alfort	1906	113	100 à 200	2 63 73
—	—	Arcueil-Cachan	1913	62	100	65
—	—	Ivry : Groupe de l'Hospice et du Fort..	1909	325	180	7
—	—	Ivry : rue Carnot	1910	43	100	45
—	—	Choisy-le-Roi.......	1906	62	115	46 45
—	—	Thiais...........	1910	45	130	60
—	—	Poterne des Peupliers	1919	26	120	31 20
—	—	Kremlin-Bicêtre : Groupe Jean Sateilles........	1919	26	120	34 19
—	—	Fort de Bicêtre	1920	309	300	9 40
—	—	Œuvre de Montrouge........	1912	517	150	8
—	—	Fort de Châtillon	1921	74	300	2 13
—	—	Fort de Vanves.............	1919	133	300	4 50
—	—	Issy : Groupe des Petits-Ménages	1916	65	110 à 120	74 75
—	—	Société Charitable des Jardins Ouvriers de Saint-Vincent-de-Paul...................				
—	—	Saint-Ouen : Groupes Léon Thelier, Goury du Roslan et Maurice Pornin............	1909	192	150 à 175	3

Tableau des Œuvres Françaises de Jardins Ouvriers en 1923 *(suite)*

DÉPARTEMENTS	LOCALITÉS	ŒUVRES	DATE de la fondation	NOMBRE des jardins	SURFACE de chaque jardin en m. q.	SURFACE TOTALE cultivée en hect., ares et m. q.
Seine	Paris	Porte de Gentilly	1918	176	140	2 50
—	—	Porte de Châtillon	1918	40	175	75
—	—	Rue Edouard-Pailleron	1918	34	100	35
—	—	Grésillons-Charentonneau	1921	30	200	65
—	—	Comité des Jardins Potagers du XIIe arr.	1917	130	120	1 50
—	—	Comité des Jardins Ouvriers du XIIIe arr	1917	360	200	7 20
—	—	Association des Jardins Potagers du XVe arr	1917	200	260	5 34 27
—	—	Comité Municipal des Jardins Potagers du XVIIe arr	1917	503	100 à 200	6 20
—	—	Jardins Potagers des Fortifications du XVIIIe arr	1917	344	180	9 54
—	—	Jardins Potagers du XIXe arr	1917	249	250 à 300	6
—	Alfortville	Œuvre Municipale	1920	113	220	2 76
—	Bourg-la-Reine	Société des Jardins Ouvriers de Bourg-la-Reine	1920	92	300	3 30
—	Clichy	Société des Jard. Ouv. de Clichy	1916	508	200	11
—	Saint-Ouen	Jardins d'Anciens Combattants et Légionnaires	1916	150	150	2
—	Sceaux	La Ruche Mutualiste	1907	68	475	3 70
—	Suresnes	Jardins Ouvriers de la Conférence Saint-Vincent-de-Paul	1911	10	200	20
Seine	Vanves	Groupement Horticole des Jardins Populaires	1916	194	200	3 88
Seine-et-Marne	Melun	Société des Jardins Ouvriers	1907	50	200 à 250	1 20
—	Coulommiers	Jardins Ouvriers de la Société d'Horticulture	1920	15	250	50 35
—	Provins	Œuvre des Jardins Ouvriers		50	400	2 30
Seine-et-Oise	Etampes	Jardins Ouvriers de la Caisse d'Epargne	1908	13	300	33 25
—	Marines	Société des Jardins Ouvriers	1920	12	400	50
—	Saint-Cloud	Œuvre de Jardins Ouvriers	1912	11	150	46
—	Versailles	Société des Jardins Ouvriers de Versailles	1901	279	130	4
Seine-Inférieure	Dieppe	Société des Jardins Ouvriers de l'Arrondissement de Dieppe	1921	87	350	2 90 82
—	Elbeuf	Œuvre des Jardins Ouvriers de la Ville d'Elbeuf		16	200 à 300	35
—	Eu	Société des Jardins Ouvriers	1907	43	265	1 19 59
—	Le Havre	Société Havraise des Jardins Ouvriers	1905	300	350	11 15 50
—	Rouen	Association Rouennaise des Jardins Ouvriers	1905	100	300	3
Somme	Amiens	Association Amiénoise des Jardins Ouvriers	1902	97	450	4 50
—	—	Jardins de la Conférence Saint-Vincent-de-Paul de Saint-Firmin	1899	18	700	1 40
—	—	Jardins Ouvriers de l'Association Michelet	1897	93	500 à 600	4 82 82
—	—	Jardins Ouvriers du Collège Saint-Martin	1899	59	400	2 66
—	—	Jardins Ouvriers du Faubourg de Beauvais	1896	40	400	1 60
—	—	Œuvre des Anciens Elèves de l'Ecole du Faubourg de Hem	1904	18	400 à 500	84 53
—	—	Œuvre des Anciens Elèves de l'Ecole du Faubourg St-Pierre	1917	25	400	1 05 50

Tableau des Œuvres Françaises de Jardins Ouvriers en 1923 *(suite)*

DÉPARTEMENTS	LOCALITÉS	ŒUVRES	DATE de la fondation	NOMBRE des jardins	SURFACE de chaque jardin en m. q.	SURFACE TOTALE cultivée en hect., ares et m. q.
Somme.....	Abbeville................	OEuvre Paroissiale des Jardins Ouvriers..	1903	143	400	6 82
—	Daours................	OEuvre Municipale.............	1876	70	700	4 90
—	Doullens...............	Société des Jardins Ouvriers de Doullens	1904	58	420	2 45
—	Moreuil................	OEuvre des Jardins Ouvriers....		46	600	2 76
—	Saint-Sauveur-les-Amiens	Jardins Communaux du Marais.........................	1902	112	600 à 800	10
Tarn.............	Briatexte	Association de Jardins Ouvriers Saint-Charles	1905	16	150	25
Vaucluse..........	Avignon......	Société des Jardins Ouvriers ..		60	300	1 80
—	Apt...................	Société des Jardins Ouvriers ..		21	160	33 60
Vosges	Epinal	OEuvre Municipale.............		90	200	1 80
—	—	OEuvre des Jardins Ouvriers de la paroisse Saint-Maurice		10	300	32
—	Remiremont............	Société des Jardins Ouvriers...	1906	12	450	55

TOTAUX ET MOYENNES

67 départements possèdent des Jardins Ouvriers.	répartis dans 213 localités.	organisés par 253 OEuvres.		52400 Nombre total des Jardins.	318ᵐ Surface moyenne par Jardin.	1670ʰ 26ᵃ 81ᵐᑫ Surface totale cultivée en Jardins Ouvriers.

AVIS

Pour tous renseignements concernant les Jardins Ouvriers (constitution de sociétés, organisation pratique de l'Œuvre, statuts, règlements, etc.), ainsi que pour toutes indications concernant les divers modes d'adhésion à la Ligue française du Coin de Terre et du Foyer, fédération nationale des Jardins Ouvriers, s'adresser au siège social de la Ligue, 26, rue Lhomond, Paris (V·).

TABLE DES MATIÈRES

PREMIÈRE SÉANCE

LES JARDINS OUVRIERS ET LES ANCIENS COMBATTANTS

DEUXIÈME SÉANCE

LES JARDINS OUVRIERS ET L'INDUSTRIE

TROISIÈME SÉANCE

LES JARDINS OUVRIERS ET LES POUVOIRS PUBLICS

NIORT. — IMP. TH. MARTIN